こんなところに境界線!?
県境・国境・飛び地のおもしろ雑学

ライフサイエンス

三笠書房

はじめに――たかが「線」、されど「線」。線にドラマあり

地図を眺めれば、当然のように境界線が引かれている。たとえば日本地図には県境が、世界地図には国境が描かれている。

日々の生活のなかで境界を感じることは、まずない。もちろん異国の地を踏むときは、出入国審査が必要になるが、こと国内においては、移動に制約はないし、県境や市区町村の境界を目の当たりにすることもほとんどない。そもそも境界線というものは、人が勝手に地図上に引いたものにすぎない。

では、なぜそこに線を引くに至ったのか……。その視点で探ってみると、そこに歴史あり、為政者の思惑ありと、面白いエピソードが横たわっている。

たとえば、瀬戸内海に浮かぶ、ある無人島。その島の中央に岡山県と香川県の県

境が走っている。無人島ならば、どちらかの帰属にしてしまえばすっきりするはずなのに、わざわざ島を真っ二つに切ったように境界が存在する。そこには、江戸幕府の思惑があったのだ――。

また、福島県と新潟県、山形県の県境に注目してみてほしい。福島県の県境が、新潟県、山形県のあいだに入り込み、まるでしっぽのように伸びていることに気づくだろう。この奇妙な境界はどうしてできたのか。じつは、福島県、新潟県、山形県にまたがる山の存在が関係している。

ほかにも、駅が境界から外れて駅名と市名が一致していない場所や、池のなかに浮かぶ小島だけが飛び地になっている場所など、国内だけでも境界をめぐる不思議はいくつも存在する。

これが世界ともなれば、不思議な線にもっと驚かされる。

たとえば、フィンランドのあるゴルフ場。プレー中に隣のスウェーデン領に入ってしまうホールがある。出入国審査はどうなるのか気が気でならず、プレーに集中できそうにもない。いったい、どうしているのだろう。

　またオランダの町には、ベルギー領の飛び地が点在し、町中に国境線のマークがあちこちに引かれている場所がある。店舗のなかにまで引かれているというから面白い。ふつうならどちらの帰属かで争いになりそうなものだが、もめごとはおろか、いまや観光地になっている。

　こと境界線となると、帰属争いや領有権問題ばかりに目が行きがちだが、このようなユニークな場所もあるのだ。

　本書では、国内外を問わず、境界線をテーマに面白スポットから、意外な飛び地、国が威信をかける国際問題までを幅広く集めてみた。いかに人が、境界という「線」に一喜一憂しているのかがわかる一冊となっている。

ライフサイエンス

第一章　日本編　不思議な境界線

第二章　日本編　飛び地のミステリー

第三章

日本編 ドタバタ帰属問題

第四章

世界編 おもしろい国境

第五章

世界編 ゴタゴタな飛び地

第六章

世界編

ヘンテコな国

第七章

全世界編 謎めいたエリア

本文ＤＴＰ／株式会社Ｓｕｎ Ｆｕｅｒｚａ
本文図版／美創（伊藤知広）
本文写真／photolibrary, Shutterstock

※本書の内容は２０２３年10月現在の情報に基づいています。

第一章

日本編

不思議な境界線

富士山山頂の境界線は地図から消えている

〈山梨、静岡〉

二〇一三年六月に世界文化遺産に登録された日本最高峰の富士山。国内のみならず海外からの観光客にも人気で、なかでも山頂からご来光を眺めるのが一番の醍醐味だという。

その富士山には、長年抱えてきた問題があった。それが山頂の帰属問題だ。

富士山が静岡県と山梨県の両県にまたがっているのはご存じのとおり。山頂付近の地図をよく見ると、東西を貫くように静岡県と山梨県の県境が引かれている。にもかかわらず、山頂から東へ約一〇キロメートルの部分は、その県境が消えている。

これは富士山山頂一帯が、静岡県と山梨県のどちらに帰属するかが、決まっていないからである。

ただ、帰属は決まっていないものの、山頂の所有者は決まっている。古くは徳川家康、戦前・戦時中は国防の観点から国有となっていたが、戦後になってからは、所有者は富士山本宮浅間大社（ほんぐうせんげんたいしゃ）となった。

徳川家康が富士山の八合目以上を浅間大社に寄進した、という古文書が戦後になって発覚すると、大社側が訴訟を起こし、それが裁判で認められたことによる。

富士山に神社があることを知らないという人もいるかもしれないが、浅間大社は、全国一三〇〇社の浅間神社の総本宮であり、起源は紀元前にまでさかのぼるとされる由緒ある神社である。

◀山頂の境界線問題、あっさりと決着

日本一の山をめぐる境界線問題だけに、かなりすったもんだしていると思いきや、それほど大きな問題には発展していない。

じつは二〇一四年、とても穏やかな取り決めがなされている。前年、世界文化遺産への登録が決まったこともあり、静岡県、山梨県の両知事が話し合い、あえて白

黒つけず、境界線を設けないことで合意したのである。同時に、富士山の入山料の徴収や入山者向けのさまざまな整備には、共同であたることにした。

もめることなく、なんともあざやかな決着となったが、この取り決めがあやうく反故にされそうになったこともあった。

ある時期、国土地理院の電子版の地図で、山頂の剣ヶ峰にカーソルを当てると、「静岡県富士宮市」と住所表示されていたことが判明した。これに猛抗議したのが、当時の山梨県知事である。「境界線を設けないと取り決めたのに、これではまるで、山頂は静岡県に帰属しているように誤解されてしまう」と不服を申し立てた。

国土地理院に是正を求めたことで、現在は山頂にカーソルを当てても住所表示はなく、この問題はすでに解消されている。

しかしながら問題が発覚した当時は、両県それぞれが、帰属に関してネット上で応酬を繰り広げていた。たしかに県内に富士山山頂があるか否かは、県民にとって重大事であることに間違いない。この問題は今日のように、あえて棚上げにしておいたほうが賢明かもしれない。

なんと、綱引きで県境を決めている県がある!?

〈静岡、長野〉〈秋田、山形〉〈広島、島根〉

今日における遠州軍（静岡県）と信州軍（長野県）の戦いとして知られるのが、毎年十月の第四日曜日に開催される「峠の国盗り綱引き合戦」である。遠州軍は静岡県浜松市天竜区水窪町、信州軍は長野県飯田市南信濃の商工会青年部のことだ。

その名のとおり、この綱引きはたんなるスポーツではなく、三本勝負で勝利すると、県境を相手側のほうに一メートル動かすことができるというもの。

そのため遠州軍の合言葉は、長野県を代表する湖である諏訪湖を狙って「諏訪湖を遠州に！」、一方の信州軍は海がないため「太平洋を信州に！」である。

わが領地拡大をもくろみ、遠州軍は綱引き連盟の理事長をコーチとして招聘(しょうへい)し、綱引きの全国大会に出場して腕を磨き、一方の信州軍はブルドーザーを相手に過酷な練習を積むほどの熱の入れようだ。

こうした遠州軍と信州軍の境界をめぐる争いは、戦国時代にさかのぼる。古道・秋葉街道を挟んで遠州奥山氏と信州遠山氏が対峙していたため、どちらも隙あらば領地拡大を狙って衝突してきた。現代において、さすがに武力で領土争いをするわけにはいかず、「ここはひとつ綱引きで」という方法が取り入れられたというわけだ。

気になるのは、現在の県境。新型コロナウイルスの影響でここ数年は綱引きの実施が見送られてきたが、直近の二〇一九年時点の通算成績は、遠州軍一五勝、信州軍一七勝で、信州軍の勝ちが二つ多い。つまり、県境は遠州軍のほうへ二メートル食い込んでいる形だ。

とはいえ、信州軍が太平洋に到達するためには約六万五〇〇〇回勝ち続ける必要があり、その道のりは遠い。

この合戦は、一九八七年、地域文化研究家の加藤伸幸氏によって考案された町おこしの一環である。つまり、この勝敗による県境は、あくまで峠の国盗り綱引き合戦での県境であって、行政上の県境とはならない。

それでもメディアでも取り上げられるようになり、関係者の心意気は国盗りそのもの。並々ならぬ決意で毎年挑んできたという。

◀県境を約六八メートルも移動させた県

綱引きによる県境決めは、静岡県と長野県ばかりではない。現在では行なわれていないが、綱引きの勝利によって県境を最大約六八メートルも移動させたところがある。秋田県象潟町(きさかた)（現にかほ市）と山形県遊佐町(ゆざ)の「三崎山国盗り合戦」である。

三本勝負の綱引きで勝利した側が県境を動かせるというルールは、峠の国盗り合戦と同じだが、何メートル県境を動かせるかは、弓引きで決まる。的の得点によって決まるため、約六八メートルも県境が移動したことがあったという。

もちろんこちらも、あくまで三崎山国盗り合戦における県境であり、行政上の県境ではないが、峠の国盗り合戦と同じく大盛り上がりだった。

しかし二〇〇二年の第一〇回大会で、戦績が互いに五勝五敗と五分になったこともあり、県境は従来のままとして、大会は終了している。

比較的最近になって始まったのが、広島県三次市布野町と島根県飯南町の間で行なわれた赤名峠の国盗り綱引き大会である。

赤名峠の国盗り綱引き大会は、二〇〇七年、島根県の石見銀山が世界遺産に登録されたのをきっかけに、翌二〇〇八年に始まった。

古代から備後国と出雲国をつなぐ要路の峠である赤名峠で、峠を挟む布野町と飯南町の住民交流を目的としたものだ。ルールは峠の国盗り合戦と同じく、勝ったほうが県境を一メートル相手側へ移動できる。

布野町は備後国、飯南町は出雲国と名乗り、勝つと実際に「国境」と書いた立て札を相手側へ一メートル移動させる。こちらも行政上の県境とはならないが、立て札が立てられたことと、〝県境〟ではなく〝国境〟としたところが、リアルな領地合戦を彷彿とさせて面白い。

しかし、赤名峠の国盗り綱引き大会は二〇一五年以降、開催されていない。

このように全国各地で綱引き合戦が行なわれ、その勝敗に一喜一憂してきた。領地が絡めば、たかが綱引きとはいかないのが、地元愛というものだ。

わざわざ無人島の中心を県境が走るワケ

〈岡山、香川〉〈広島、愛媛〉〈福岡、佐賀〉

なぜこんなところにあるのかと、不思議な気持ちになる県境が全国各地に存在する。島を真っ二つにする県境もその一つだろう。わざわざ島を二分しなくてもいいのではと首をかしげたくなるが、歴史をひも解いてみると、そこにはそうならざるを得ない経緯があった。

たとえば、瀬戸内海に浮かぶ大槌島（おおづちじま）である。島名の由来は、島の形が刀鍛冶が使う金槌に似ているからだという。何かの施設があるわけでも交通の要衝というわけでもない、ただの無人島である。しかし島のほぼ中央に県境があり、北は岡山県、南は香川県となっている。

この県境が引かれたのは、江戸時代のこと。島の周辺は豊かな漁場で、岡山藩

（岡山県）と高松藩（香川県）の漁民双方が、自分たちの漁場であると主張して、一七三一（享保十六）年、藩と藩が反目し合うほど大きな騒動になった。幕府は、その調停に乗り出さざるを得なくなる。両藩の話を聞いてみると、どちらの藩も大槌島は自分の藩であるとする地図を持っており、漁民にも広く知られていた。

これでは、島をどちらかの藩の領内にしてしまうとわだかまりが残る。そう考えた幕府は、島を折半することにした。この幕府の裁定が現在にも引き継がれ、島のほぼ中央が県境になっているというわけだ。

瀬戸内海には、こうした島がほかにもある。広島県と愛媛県の県境が島内を走る瓢簞島もその一つ。瓢簞島は、生口(いくち)島（広島県）と大三(おおみ)島（愛媛県）の中間に位置する小さな無人島である。その島の真ん中に、なぜ境界ができたのか、そのいきさつが分かる面白い伝承が残っている。

――もともと島は瓢簞の形をしておらず丸い島だった。島を自分たちの領土にしたい住民たちはそれぞれ信奉する神様を頼りにしたので、生口島の神様と大三島の神様で瓢簞島の真ん中に綱をかけ、綱引きをして勝った神様のものになることとした。

ところが、神様同士の力が拮抗しているため、いつまでたっても勝負がつかない。そのうち島にかけた綱のせいで、だんだんと島の中央がくびれて瓢箪のような形になってしまった。これを見た住民は、中央のくびれ部分を境界線とすることで和解したという――。

◀同じ島でも北側と南側で地名が異なる

島内に境界があるばかりか、同じ島でありながら南北で地名まで異なっている島もある。

その島があるのは、九州の阿蘇山から有明海へと流れる筑後川の下流域にできた三角州の島。この島の北は「福岡県大川市大野島（おおのしま）」で、南は「佐賀県佐賀市川副町大詫間（おおたくま）」と呼ばれている。

なんともややこしい話だが、呼び名が違うのには納得の理由がある。もともとこの島は二つの別の島だった。北側の島は男島（雄島）、南側の島は女島（雌島）と呼ばれていた。十六世紀頃のことである。

　江戸時代になると、柳川藩の藩主が男島の開拓に乗り出した。その過程で男島は大野島と改称された。一方、女島の開拓に着手したのは佐賀藩主で、女島は大詫間島と改称されたのである。

　ところが、三角州にあったために、二つの島の間にはどんどん土砂が堆積し、陸続きとなり境界線がぼんやりし始めた。こうなれば当然、領有争いが起こってくる。そこで一六四五（正保二）年、満潮時に神幣（しんぺい）を結びつけた柴を流し、流れたラインを境界線にすることで、双方の合意が得られた。

　その後も堆積が進んだため、二つの島は完全に一つの島となり、北と南で地名が異なることになったのである。

東京の中心地、銀座にある「住所のない場所」

〈東京〉

東京のど真ん中で、区が発表している面積と国が出している面積が違う……。

それは東京都中央区の面積。区のホームページで公表している数字と国土地理院が示している数字が違うのだ。区では中央区の面積は一〇・一一五平方キロメートルだが、国土地理院では一〇・二一平方キロメートルで、国土地理院の数字のほうがわずかに広い。このズレはなんなのか。

二〇二〇年九月二十八日付の読売新聞にこんな記事が掲載された。

どちらかの誤りかと思いきや、そうとも言い切れない。なぜなら、中央区銀座のなかには住所のない場所があり、そこはどこの区に属するかがはっきりしていないからだ。

中央区によると、中央区の帰属といえない土地までを計算に入れることはせず、明らかに中央区に帰属する土地の合計を、ホームページに載せている。

一方、国土地理院は住所のない土地が中央区、千代田区、港区の三つの区に隣接するため、参考として、この土地を三分割してそれぞれの区に振り分けて各区の面積を推定している。これが中央区と国土地理院の数字のズレの真相である。

④住所がなくて郵便物や宅配物は届くの？

誰も住んでいない山林のなかならともかく、都会のど真ん中で住所がないとは、いったいどういうことだろうか。

その原因は、外濠と川を埋め立てたことにある。以前の銀座界隈は外濠があり、汐留（しおどめ）川が流れていた。都市の発達とともに土地が必要となり、濠や川を埋め立てることで、新たな土地を誕生させた。新たな土地ができると、すぐさま商業施設が建ち、街は急激に発展していった。

ここで、問題となるのが区の境界線である。濠や川があった頃は、濠や川の真ん

銀座のど真ん中に残る無住所地（破線部分）。

中を境界としておけばよかったが、埋め立ててしまうと境界はわかりにくくなる。埋め立て地に建ったビルに境界線を引こうにも、厳密に引こうとすると、ビルのなかを境界線が走ることになってしまう。

実際、三区長の間で境界線について話し合いが行なわれたが、どの区も、この繁華街を欲しいと思うもの。なかなか合意に至らず、現在までこの問題は解決できずにいる。そのため都会のど真ん中であるにもかかわらず、住所がない場所が存在し続けているというわけだ。

ここで気になるのが、住所がなくて郵便物や宅配物は届くのかということだろう。たとえば、住所がないはずの場所にあるショッピングセンター「銀座ファイブ」のホームページを見てみると、「中央区銀座五丁目一番先」とある。

銀座ファイブは中央区になったのかと誤解しそうだが、この住所はあくまで便宜上のもので、意味合いは、銀座五丁目一番の〝その先〟にあるということ。つまり、銀座五丁目一番は銀座ファイブの隣の区画なので、その区画の〝先〟にあるというわけだ。もちろん、この宛名できちんと届くという。今のところ、住所がなくてもそれほどの不便はないようだ。

県境をまたぎながら参拝できるユニークな神社

〈栃木、茨城〉〈群馬、長野〉

高速道路を走っていると、「ここから○○県」という掲示板をよく目にするが、神社の案内板に、「栃木県（左側）」「茨城県（右側）」と併記されている珍しい場所がある。鷲子山上（とりのこさんしょう）神社である。この神社は標高四七〇メートルの鷲子山の山頂に建っている。鷲子山は栃木県と茨城県の県境にある山であるため、神社も県境に建っているというわけだ。

そのため、本殿や拝殿、幣殿（へいでん）なども県境上にあり、左側が栃木県、右側が茨城県に属することになる。ちなみに社務所は二つあり、宮司も二人いる。

廃藩置県により、たまたま建っていた場所が県境になってしまったということはよくあるが、そうした場合、歴史的にどちらの県とゆかりが深いかなどを考慮して帰属を決めたりするものだ。鷲子山上神社の場合、時代によって領主が代わったために、一筋縄ではいかなかったようだ。

初めは下野国（栃木県）宇都宮氏配下の武茂氏の領地だったが、戦国時代は常陸国（茨城県）の佐竹氏が治め、江戸時代になると水戸徳川家（茨城県）の領地となった。

結局、どちらの県に所属するべきかを決められず、県境が神社のなかに置かれることになったのである。

では、帰属問題にありがちな県同士の対立はないのかというと、そこは神様の土地。お互い協力し合いながら運営にあたっている。

たとえば、ごみは通常は栃木県側が回収しているが、行事などで大量のごみが出ると茨城県も回収を手伝っている。警備に関しても同様で、通常はそれぞれの担当場所を警備するが、人手が多いときは両県警が協力して警備を強化している。

一九八三（昭和五十八）年、鷲子山が「二十一世紀に残したい自然一〇〇選」に選ばれたとき、樹齢約一〇〇〇年の杉などの古木や大木を両県で守っていくことで

境内の真ん中に県境が走る鷲子山上神社。

合意した。本殿や随神門などを文化財指定するときも、仲良く両県とも指定とした。さらに二〇〇七（平成十九）年十一月に行なわれた「鷲子山上神社鎮座千二百年記念事業」も両県で協力して実施している。

◀名前が二つ、祭神も二座ある神社!?

鷲子山上神社と同じく、神社のなかに県境が走っているのが、群馬県安中市松井田町坂本と長野県北佐久郡軽井沢町の境にある熊野（くまの）神社と熊野皇大（こうたい）神社である。

両神社は、和歌山県の熊野三山、山形県の熊野大社とともに日本三大熊野神社の一つとされる、由緒ある神社だ。

熊野神社と熊野皇大神社と二つの名前があるものの、じつは同じ神社である。鳥居の前には「群馬県」「長野県」と書かれたプレートが埋め込まれていて、向かって右が群馬県の熊野神社、左が長野県の熊野皇大神社となる。

熊野神社は通称「新宮（しんぐう）」、熊野皇大神社は通称「那智宮（なちぐう）」と呼ばれ、新宮の祭神はハヤタマノオノミコト、那智宮の祭神はコトサカノオノミコトである。

本殿の真ん中がほぼ県境となるが、拝殿はそれぞれ本殿の両側にあり、賽銭箱も両側に置かれ、社務所も二つ、宮司さんも二人、宗教法人も二つになっている。

これほどきっちりと二つに分かれているが、ご神体は同じとされ、春と秋の例大祭は共同で行なっている。祝詞（のりと）も持ち回りで行ない、春は新宮が先、那智宮が後、秋は那智宮が先、新宮が後というように決まっている。

神様の土地ゆえか、やはりここでも帰属問題は起こっていないようだ。

境内を市道が横切るお寺、参道に鉄道が走る神社

〈福岡〉〈広島〉

ＪＲ博多駅から徒歩十分ぐらいのところに承天寺（じょうてんじ）という寺院がある。一二四一（仁治二）年、聖一国師（しょういちこくし）によって建てられたとされる臨済宗の寺で、博多の夏祭りとして有名な博多祇園山笠の発祥の地と言われている。

鎌倉時代に、博多で疫病が流行した際、聖一国師が町民の担いだ施餓鬼棚（せがきだな）に乗って、聖水をまきながら町中を回って疫病退散を祈願したことが、山笠の始まりだという。

このほか、承天寺はうどんやそば、饅頭などの発祥の地ともされるが、承天寺の特徴はそれだけではない。境内に市道が通っているのだ。つまり、境内は市道によって分断されていることになる。

このようなことになってしまった理由は、昭和三十年代の区画整理にある。市から道路敷設を打診された住職は当然ながら「とんでもないこと」と拒否した。しかし、博多駅近くという好立地が災いとなってしまう。時は高度経済成長期。近隣住民たちも、区画整理をして道路を整備しないと経済発展から取り残されるとして、境内に道路を通すことに賛成した。結局、住職は泣く泣くこの計画を容認したのである。

このため、市道の南西側に山門や仏殿、北東側に本堂や墓地が位置し、市道をまたいで反対側へ行くことを余儀なくされた。

ところが、冒頭で紹介したように承天寺は由緒ある寺であったため、境内に市道が通っている景観は不評だったらしく、観光客はなかなか足を運んでくれなくなった。

そこで、市道と境内の景観を一体化させる工事を二度に分けて行なった。また、一方通行にして極力車の通行量を減らすようにした。こうして今では市道は石畳となり、マツやモミジなどの木も植えられ、庭園のなかを通る道のような雰囲気に生

市道とは思えない整備された承天寺通り。

まれ変わったのである。

◀線路の上に架けた橋を渡って境内へ

境内に市道が横切る寺もあれば、参道に鉄道が走っている神社もある。そのため、参道は歩道橋のように線路をまたぐ形になっている。それが広島県三原市にある皇后八幡神社だ。地元では「須波（すなみ）の八幡さん」として親しまれている。

一四二四（応永三十一）年の創建とされる皇后八幡神社は、石清水（いわしみず）八幡宮を勧請（かんじょう）したもので、海の交通の安全を願い、鳥居は海に向かって置かれている。一五〇五（永正二）年には厳島神社も勧請し合祀した。のちに、この地を治めていた戦国武将の小早川隆景（こばやかわたかかげ）が再建したという。

皇后八幡神社の参道に鉄道が走るようになったのは戦時中のこと。満州事変（まんしゅうじへん）（一九三一年・昭和六年）の勃発にともない、呉（くれ）港へ軍需物資を効率的に届けるために呉線の敷設が計画された。戦時中のため、国は最短ルートでの敷設を決行し、それにより参道の一部に線路がかかってしまったのだ。

とはいえ、これでは線路が邪魔をして神社へ行けなくなってしまう。苦肉の策として考えられたのが、線路の上に橋を架けて境内へ行くという方法だった。そのため、歩道橋のような参道ができたというわけだ。

歩道橋のような橋とはいうものの、両側に転落を防止するような壁はなく、たんなる鉄の柵があるのみ。下には今でも鉄道が走っており、この参道を通るにはちょっとした勇気がいる。

増築で県境をまたいでしまった温泉宿

〈熊本、大分〉

熊本県阿蘇山の北麓（ほくろく）に位置する杖立（つえたて）温泉は、弘法大師空海（こうぼうだいしくうかい）ゆかりの地とされている。一説には、平安時代にここを訪れた空海が、温泉の効能に感動して薬師如来像を彫り、持っていた杖を立てたことが地名の由来となったらしい。

その杖立温泉のなかで、江戸時代の一六九〇（元禄三）年に創業した老舗旅館が「つえたて温泉ひぜんや」だ。人気の宿だが、この旅館には、ほかの旅館にない特色がある。それは、旅館内に熊本県と大分県の県境が走っていることだ。実際、館内案内には熊本館、大分館があり、熊本館内の温泉は肥後の湯、大分館内の温泉は豊後の湯と命名されている。

渡り廊下は「両国橋」と呼ばれ、廊下には県境であることを示す道路碑のようなモニュメントが置かれていて、「是より肥後国」「是より豊後国」と書かれている。頭上には県境であることを示す看板まである。

なぜ、ひぜんやは、このような県境上に建つことになったのか。

老舗旅館だけに、もともと建っていた場所が、区画整理で強引に県境にされてしまったというのはありがちな話だが、ひぜんやの場合は、自ら県境をつくったと言えるかもしれない。

じつは、ひぜんやはもともと熊本県側に敷地があり、そこにすべての施設があった。手狭になってきたので、増築することにしたが、熊本県側には残念ながら土地がなかった。そこで目をつけたのが大分県側の土地だった。大分県側へ建て増ししたことで、結果、館内に県境が生まれたというわけだ。

緊急時に通報するのはどっちの県?

県境をまたいでいる温泉としてアピールできる点はいいが、県境上ゆえの面倒もあるという。営業許可や税金などは、どちらか一方の県だけというわけにはいかず、両方に提出したり納税したりしなければならない。旅館に不可欠の消防署や保健所などへの手続きも両県に行なうことになる。

とは言っても、すべてのことがきちんと熊本県と大分県で分けられているわけではない。たとえば、事故や火事などが起こった場合である。杓子定規に考えれば、発生した場所によって熊本県か大分県の管轄となるはずだが、たとえ大分県側で起こったとしても、迷わずに熊本県側へ通報するという。

それは、熊本県側の派出所や消防署のほうが、大分県側のそれらよりも近いからにほかならない。早く対応できる県側に助けを求めるのは、当然と言えば当然のことである。

もっとも、これは初動に関してはそうであって、報告はきちんと大分県側へも上げられるし、場合によっては、その後、大分県側が引き継ぐこともあるという。

県境にまたがる旅館ならではの対応マニュアルといえるかもしれない。

多々羅大橋にある県境表示にダマされるな

〈広島、愛媛〉


双方の合意が得られず、県境が設定できずにいる例は日本各地に数多くあるが、どこに境目があるかはっきりしない、あいまいな県境とも言うべき場所も存在する。

広島県尾道市と愛媛県今治市を結ぶ全長約六〇キロの「しまなみ海道」は、自動車専用道路のほか自転車・歩行者専用道路も整備されている。「海道」の冠のとおり、瀬戸内海の上に架けられた橋を渡る道路だ。

しまなみ海道には、新尾道大橋、因島大橋、生口橋、多々羅大橋、大三島橋、伯方・大島大橋、来島海峡大橋がある。

広島県と愛媛県にまたがっているのが多々羅大橋である。一九九九（平成十一）年に完成した多々羅大橋は、当時、斜張橋としては世界一の長さを誇った（現在は第八位）。斜張橋とは、塔から斜めにケーブルを張って橋を吊る構造のことで、その独特のフォルムゆえ、多々羅大橋には観光スポットが生まれている。

それが「鳴き龍」と呼ばれる反響現象だ。橋の支柱の下で手を叩くと、叩いた音が反響音を繰り返しながら、まるで空に向かって上っていくように聞こえる。訪れた際には、誰もが試したくなるだろう。

そんな不思議スポットがある多々羅大橋こそ、じつはあいまいな県境が存在する場所でもあるのだ。

◀とりあえず橋の中間地点を県境に

多々羅大橋を渡ったことがある人ならきっと、「多々羅大橋の道路にはちゃんと県境表示がある」と思うだろう。たしかに道路上には、きちんと白線が引かれ、こちらが広島県、そちらが愛媛県と記されている。

ところがこの表示、正式なものではない。あくまで便宜上のものだ。「県境が存在することは明示したほうがいいでしょう」と広島県と愛媛県の間で話し合われ、橋の中間地点に表示しているにすぎない。

なぜ、このようなことになったかというと、海上では正確な県境を引きようがないからである。この島は○○県、あの島は△△県ということはできても、海では、ここからここまでが○○県という境界を引きづらい。

海上の県境が定まらないなら、その上に架かる橋の県境も定まらないということになる。つまり、橋の道路の県境は、あくまで仮の県境。言わば、あるにはあるが、どこにあるかはっきりしない県境というわけだ。

訪ねる機会があれば、ぜひ鳴き龍現象を体験するとともに、県境表示のチェックもおすすめしたい。

しっぽのような「細長い出っ張り県境」の謎

〈新潟、山形、福島〉

福島県の県境をじっくり地図で眺めてみてほしい。一部分だけ細長く、新潟県と山形県の間に食い込んでいるところがある。まるで福島県のしっぽのような形をしており、どこかいびつである。

なぜか。それは、その先にある飯豊山（いいでさん）が関係している。

飯豊山は新潟県、山形県、福島県をまたぐ標高二一〇五メートルの山。役小角（えんのおづぬ）が開山したとされ、古くから山岳信仰が盛んだった。山岳信仰の拠点とされたのが、飯豊山神社だ。なかでも福島県の会津地方は、参詣する風習が盛んであり、飯豊山のことを「いいとよさん」と親しみを込めて呼んでいた。

戦前までは、飯豊山への登山は、少年が大人になるための通過儀礼とされていたため、一三歳から一七歳ぐらいまでの少年が、飯豊山に登山する「御山駆け」が行なわれていたという。戦後、この行事は廃れたが、それでも会津地方の人々にとって飯豊山や飯豊山神社は特別な存在であり続けた。

◀廃藩置県から二〇年以上ももめた過去

飯豊山神社の周辺は、江戸時代までは会津藩の領地だったので、なんの問題も起こらなかった。ところが、一八七一（明治四）年、明治政府が廃藩置県を行なったことから話がこじれ始める。

廃藩置県に際し、当初政府は福島県の県庁所在地を福島市から郡山市に変えるつもりだった。実際、郡山市移転の賛成派は多数を占めたので、移転はすんなりいくはずだった。

しかし、反対派の強固な態度により、政府は結局、移転を断念することになった。とはいえ、政府も黙ってそのまま引き下がったわけではない。移転を断念した代わりだったのかどうかはともかく、福島市から一番遠い東蒲原郡（ひがしかんばら）を福島県ではなく新

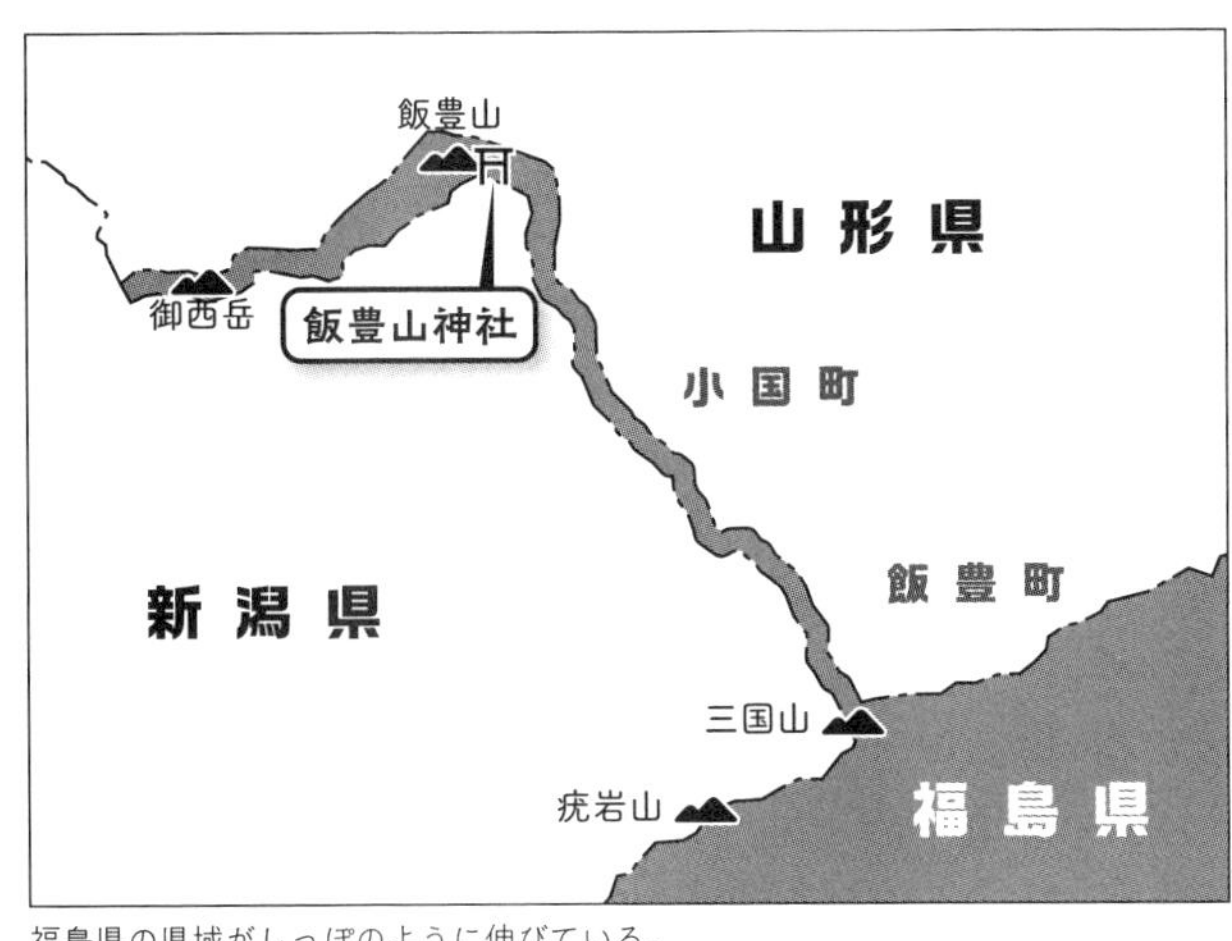

福島県の県域がしっぽのように伸びている。

潟県に帰属させたのである。

そうして新たな県境を定めたが、今度は飯豊山の帰属問題で対立する。

飯豊山を古くから知る福島県民は、福島県に帰属すべきと主張し、実際、神社までの登山道は福島県側から行くことが多いことを理由とした。一方、「以前から飯豊山神社があることを地図にも記してこなかったはず」と新潟県も譲らない。この論争は二〇年以上にも及ぶこととなった。

この問題が決着したのは一九〇七（明治四十）年のこと。それは、飯豊山への登山道と飯豊山神社の敷地のみ福島県に帰属するというものだった。

　つまり、福島県のしっぽのように細長く伸びた県境は、飯豊山神社への登山道部分だったのである。

第二章

日本編

飛び地のミステリー

ジグソーパズルのような「飛び地ワンダーランド」〈青森〉

飛び地というと、一部分がメインの自治体から切り離されてしまったというイメージで、離れた場所にポツンとあるものだと多くの人が思っているだろう。ところが、まるで寄せ集めたかのように飛び地が複数存在して、モザイクのようになっている地域がある。青森県の津軽半島だ。

この辺りは、五所川原市、外ヶ浜町、中泊町、今別町、蓬田村の五つの自治体がある。

このうち、今別町、蓬田村はこの中のどこことも合併しておらず、残りの三つは合併してできた自治体。合併が、隣の町や村同士だけとは限らなかったこと、今別村や蓬田村がこの中のどことも合併しなかったことにより、合併後の自治体が入り組

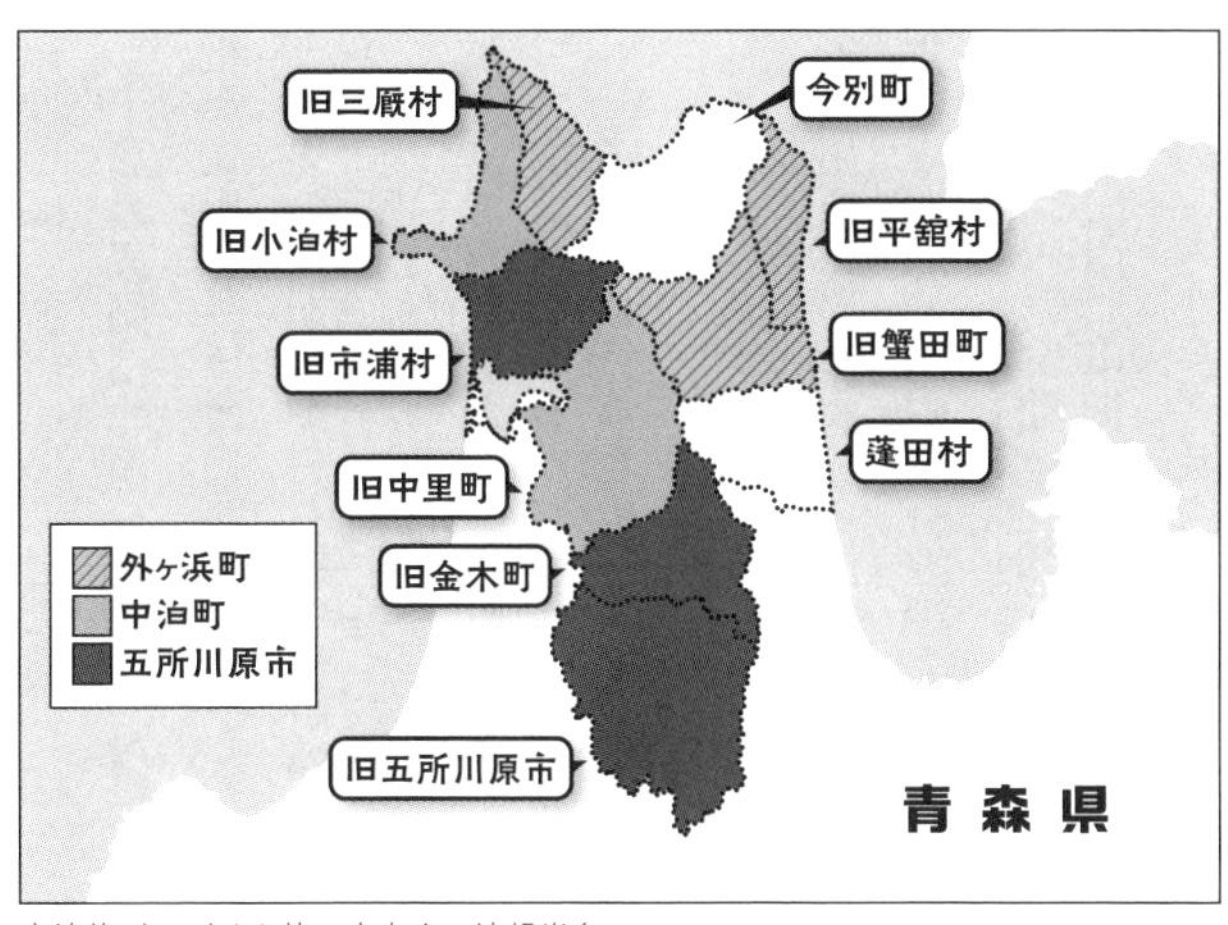

自治体がモザイク状に点在する津軽半島。

んでしまった。

半島西部を北から眺めていくと、中泊町、五所川原市、中泊町、五所川原市となり、半島東部を北から眺めていくと、外ヶ浜町、今別町、外ヶ浜町、蓬田村となる。

ざっくり言うと、半島の西側では、中泊町と五所川原市が交互になり、半島の東側では、外ヶ浜町の間に、今別町が入り込んでいる形だ。

これを合併前の旧自治体でみると、半島の西側は北から、旧小泊村（中泊町）、旧市浦村（五所川原市）、旧中里町（中泊町）、旧金木町（五所川原市）、旧五所川原市（五所川原市）となる。

半島の東側は北から、旧三厩村（外ヶ浜町）、今別町、旧平舘村（外ヶ浜町）、旧蟹田町（外ヶ浜町）、蓬田村となる。

つまり、旧小泊村と旧中里町が合併してできた町が中泊町、旧市浦村と旧金木町と旧五所川原市が合併できた市が五所川原市、旧三厩村、旧蟹田町、旧平舘村が合併してできた町が外ヶ浜町である。

市役所に行くためになぜか隣町を通る

こうした飛び地がひしめき合ってしまうと、不自由なことも出てくる。たとえば、五所川原市の市民で、旧市浦地域に住んでいる人が市役所に行こうとすると、隣接する中泊町（旧中里町地域）を通り抜けなくてはならない。なんとも不便な話だが、五所川原市では旧市浦地域の市民の利便性を考えて、旧市浦地域から旧中里町を通って五所川原市役所に至る連絡バスを走らせている。

このような住民サービスもあるが、そもそもこんな複雑な飛び地があるのが不便である。その原因は、「平成の大合併」と呼ばれた一九九九年頃から二〇〇六年ぐらいまでの国の政策にある。

国は、効率的な行政サービスを行なえるとして、自治体同士の合併を推奨し、合併した自治体には財政支援を行なった。そのため積極的に合併しようという機運が全国的に高まったのである。

津軽半島のこれら一〇の自治体も、当初は二つぐらいの自治体に合併されるはずだったのだ。ところが、いざ合併話が進んでくると、「やっぱり考えが合わないから、あそことは合併したくない」「合併するなら隣の○○とするよりは、むしろ少し離れているが、△△の自治体としたほうがいい」「合併しようと思ったけれど、よくよく考えてみると、今のままが一番いい」など、それぞれの思惑が錯綜し始める。結局、隣同士、仲良く合併できたのは、旧金木町と旧五所川原市、旧蟹田町と旧平舘村だけだったため、このような「飛び地ワンダーランド」になったのだ。

村が「まるごと飛び地」になったのは役人のミス？

〈和歌山、奈良、三重〉

和歌山県の北山村は、三重県と奈良県に周りを囲まれた村である。東西一〇キロメートル、南北八キロメートル、面積四八・二平方キロメートルで、だいたい東京都練馬区ぐらいの大きさだ。飛び地は全国各地にあるが、村がまるごと飛び地になっているのは、ここ北山村だけである。

北山村が飛び地になった原因は、明治時代の廃藩置県である。旧藩を廃して、県としたものだが、県境は昔の藩と藩の境目とほぼ同じというのが基本である。

和歌山県と奈良県の県境は紀伊国と大和国の境とした一方、和歌山県と三重県(旧渡会(わたらい)県)の県境は北山川と熊野川とされた。この二つの県境によると、北山村は大和国の国境よりも南にあり、北山川よりも北にある(北山川より南なら三重県)

ため、奈良県でもなく三重県でもないということで、自動的に和歌山県となった。

なぜ和歌山県と三重県の県境を川にしたのかについてははっきりしないが、一説には、急いで廃藩置県を進めていた政府の役人が、現地調査もせずに旧藩の境界は北山川と熊野川だと思い込み、そのまま川を県境にしたのではないかと言われている。

さすがに、あとになって北山村が飛び地になっていることに気づいた役人は、北山村を地続きの奈良県に編入させようとした。

ところが、村人はこれを拒否。奈良県と地続きとはいえ、奈良県との往来はほとんどなかったからだ。当時、北山村は林業を生活の糧にしており、それを運搬する交通手段は舟だった。伐(き)り出した木材をいかだに載せて、和歌山県の新宮まで運んでいた。つまり、和歌山県側との結びつきが強かったのだ。

そういう意味では、役人のミスは北山村の人々にとって、功を奏したと言えよう。

三重県熊野市との合併話が持ち上がるが……

時代が下りモータリゼーションの世の中になると、交通手段はそれまでの舟から自動車となり、当然、北山村とその周囲の関係も変わってきた。この頃には、木を伐り出して新宮へ運ぶこともなくなり、新宮とは疎遠になっていた。それに代わって結びつきが強くなったのが、三重県の熊野市である。

そこで平成の大合併では、熊野市との合併話が持ち上がった。うまく話が進むかと思いきや、村人の和歌山への思いは江戸時代から変わらずのようで、熊野市との合併は破談になった。こうして村がまるごと飛び地になったまま今日に至っている。

北山村では、人口減少と高齢化の波が押し寄せており、一九四七（昭和二十二）年には人口は約二六〇〇人もいたが、二〇一九（令和元）年には四三五人までに減った。さらに深刻なのが高齢化で、住民の半数近くが六五歳で、この傾向は今後も顕著になる見通しだ。

そのため、村では、同年に村会議員の定数を六名から五名へ減らして議員報酬のコストカットを実施するなどして、村の健全な運営に努めている。ちなみに、議員の定数五名というのは、沖縄県北大東村とともに全国でも最少である。

神社の敷地だけが、なぜか飛び地状態に!?

〈茨城〉

茨城県にある女化(おなばけ)神社。この女化神社の社殿周りの住所は茨城県龍ケ崎市馴馬(なれうま)町である。けれども、社殿周り以外は牛久市で、神社の敷地だけが飛び地状態になっている。

なぜ社殿周りだけが取り残されてしまったのだろうか。その答えは神社の由来を記した『常州女化稲荷大明神縁起』にある。

江戸時代、野焼きの火が燃え移り、女化神社の社殿が燃えてしまった。けれども、誰も再建することもなく、そのままの状態になっていた。それを見た馴馬村の松田次左衛門という人物が気の毒に思い、宮を建てて稲荷を祀ったとされる。

しかしながら次左衛門は正式な神職ではない。そこで宮の管理を馴馬村の来迎院(らいごう)

にお願いすることにした。神社の管理を寺院に頼むというのは現代からみれば違和感があるが、当時は神仏習合だったので、とくに問題なく来迎院に引き継がれた。こうして女化神社は騳馬村の神社となった。

明治時代になり、一八八九（明治二十二）年の市制・町村制の施行により、騳馬村は騳柴村へと改称した。その後、一九五四（昭和二十九）年に騳柴村が龍ケ崎市に編入されたため、女化神社の社殿の周りだけが龍ケ崎市となり、飛び地になってしまったわけだ。

◀女化神社という名前の悲しい由来

女化神社とはなんとも奇妙な名前だが、その名は、この神社に伝わる昔話「狐の恩返し」に由来する。女性に化けた狐が、自分を助けてくれた農夫に恩返しをするという物語だ。

ある日、若い農夫は、狩人に撃たれそうになった白い狐を見て、かわいそうに思い、咳払いすることで、狩人の気をそらして狐が撃たれるのを阻止した。狩人の獲物を逃がしてしまったので、農夫は狩人に手持ちのお金を渡して、その場を収めた。

　その晩、若く美しい娘が農夫の家を訪ねて、一晩の宿を乞うた。優しい農夫親子は快く泊めてあげた。その後、美しい娘は農夫と結婚して三人の子どもを授かり、幸せな日々を過ごしていた。ところが、子どもを昼寝させているとき、娘はつい自分もウトウトしてしまい、しっぽが出ているところを子どもに見られてしまう。自分の正体が狐だと知られてしまった以上、農夫の家にはいられないと悟った娘は、泣く泣く農夫の家を出て巣穴に戻ったという——。

　女化神社の創建は建久年間（一一九〇～一一九九年）とされ、社殿の前には狛犬の代わりに狐の像が置かれているが、三人の子どもにちなみ、母狐が三匹の子狐を連れている。女化の名は、子狐と別れなければならなかった母狐の悲しい思いを伝えているのである。

誰も気づかなかった練馬区の小さな飛び地

〈東京、埼玉〉


　飛び地というと、行政サービスが行き届かずに不便を強いられるイメージがあるが、埼玉県にある東京都練馬区の飛び地は、そうではないらしい。住所は練馬区西大泉町でありながら、埼玉県新座市の中に位置している。

　西大泉町の面積は二〇〇〇平方メートルとかなり狭い。二〇二二年四月四日の読売新聞によると、西大泉町の人口は一二世帯三〇人である。

　また西大泉町は、主地域の練馬区からわずか約六〇メートルしか離れていない。ごみ収集は練馬区が担当し、水道の管理は新座市が行なっているという。

　人口も面積もわずかな飛び地なので、飛び地を解消してはどうかという話し合いが、練馬区と新座市でなされたことがある。結果、西大泉町は新座市に編入することで合意したのだが、未だに西大泉町は練馬区のままである。

新座市編入の条件として「住民全員が編入に賛成」しなければならず、どうやら住民のなかには、このまま飛び地のままでも問題ないと考えている人もいるようだ。たしかに日常に不便がなければ、わざわざ住所を変える必要はないと考えるのも無理はない。

◀飛び地の発覚は、ある開発業者から

この西大泉町が飛び地であると発覚したのは、比較的近年のことで、しかも飛び地と気づいたのは役所ではなく民間業者だったというから面白い。

一九七三（昭和四十八）年、西大泉町一帯を開発しようとした業者が、練馬区役所に相談に訪れた。内容は、開発しようとしている土地に関して「将来的に新座市に編入される土地」として売り出してもよいのかというものだった。

驚いたのは練馬区である。「なぜ、うちに相談を？」といぶかしがったが、よくよく調べてみると、練馬区の飛び地であったことが発覚した。

近年になるまで気づかれなかった理由は、はっきりしないが、次のようなことが推測される。

江戸時代、ここ一帯は尾張徳川家の鷹狩りをする場（鷹場）だった。管理していたのは小榑（こぐれ）村の名主だったが、一部は米津（よねきつ）領だった。米津氏は周辺の村々に飛び地を持っていた。

明治時代になり、小榑村を含め、周辺の村の合併や区画整理にともない飛び地は順次整理されていった。結果、ほとんどの飛び地は埼玉県に編入されたが、西大泉町の土地だけが見落とされたらしい。なぜ見落とされたのだろうか。

それは当時、ここには家屋がなく住人もいなかったからだ。言ってみれば、土地がどこに帰属しているかなど、誰も気にかけていなかった場所だったのである。飛び地で不便だと思う人もいなかった。

そして、忘れ去られたまま時が経ち、この土地を開発したいという業者が現われて、思いがけず飛び地であることが判明したというわけだ。

東京と神奈川の飛び地は、なんと一〇〇以上！

〈東京、神奈川〉

二〇二一年三月二十二日付の読売新聞に、「町田市が神奈川県に？」というインパクトのある見出しが載った。巷(ちまた)でもそういった噂が流れていたらしい。

といっても記事の真相は、町田市すべてが神奈川県になるというのではなく、神奈川県相模原市にある町田市の飛び地が、相模原市に編入されるということである。同時に、町田市に存在する相模原市の飛び地は町田市に編入されるので、言わばトレードのようなもの。町田市と相模原市の飛び地整理の一環というわけだ。

じつは、町田市と相模原市にはそれぞれの飛び地がたくさんある。その数は一〇〇か所とも二〇〇か所とも言われるほど。なぜ飛び地が多くあるのかというと、ここを流れる境川(さかいがわ)の改修工事が原因である。

中世から、武蔵国（現東京都と埼玉県、神奈川県川崎市、横浜市）と相模国（現神奈川県）の国境は境川とされていた。

ところが、蛇行の多い境川は暴れ川で、よく氾濫しては周辺に被害をもたらしていた。

そこで近代になって、境川の氾濫をなくすために、境川の流路を直線にする改修工事が行なわれた。それによって境川の氾濫は減り、暮らしやすくなったのだが、問題となったのが、町田市と相模原市の境界線だった。

境界は昔の境川の流路のまま（蛇行した状態）だったので、町田市のなかに相模原市の飛び地が、相模原市のなかに町田市の飛び地が、あちこちでできてしまったのである。

大規模な飛び地整理の道のりは長い……

飛び地にある住民は、現在も不便を強いられている。

たとえば、町田市の飛び地では、すぐ近くに相模原市の小学校があってもそこには通えない。遠くても町田市の小学校へ通わなければならない。また、ごみ出し場が対岸になっているところもある。そうなると、すぐ近くに相模原市のごみ出し場があっても、対岸の町田市のごみ出し場までごみを毎回持っていかなければならない。

このような不便を解消するため、冒頭で紹介したように、自治体が飛び地整理のための編入を行なっている。しかしながら、境川に沿った境界線は約二二キロメートルもある。両市は流域を九つの区間に分けて、下流から住民調査を実施し、対応してきた。現在一二キロメートルぐらいまで整理が終わっているという。

ただ、その道のりは長い。というのも、飛び地整理をするには、まず一軒一軒、住民を訪ね、飛び地解消に同意するか否かを聞き、その地域の住民全員が賛成して初めて整理ができる。一世帯でも同意が得られなければ、説得が必要になる。

誰もが、飛び地整理を望んでいると思いきや、これまで帰属していた市への愛着があるという住民もいて、整理の進むスピードはゆっくりだという。

神奈川県にある「よみうりランド」の住所は東京？

〈東京、神奈川〉

遊園地よみうりランドは、アトラクションのほか、ステージショーやアシカショーなどもあり、カップルでも家族連れでも楽しめる場所である。夏はプール、冬はイルミネーションが人気である。

遊園地へのアクセスは、京王相模原線の「京王よみうりランド駅」からのゴンドラかバス、小田急小田原線の「読売ランド前駅」からのバスが一般的だ。だから当然、よみうりランドの所在地は川崎市だと思っている人がほとんどだろう。

ところが、よみうりランドの住所は東京都稲城市矢野口。たしかに場所は川崎市なのに、住所が東京都稲城市とは不思議である……。

地図をよく見ると「稲城市飛地」と記載されている。この一帯は、稲城市の飛び地であるというわけだ。じつは、よみうりランドのほとんどの敷地は周辺の川崎市にあるが、入り口は飛び地の稲城市に位置している。大半の敷地が川崎市ではあるものの、入り口が稲城市なので、遊園地の住所を稲城市として登記しても問題はないというわけだ。

◀もともと稲城市は神奈川県だった!?

そもそも、なぜよみうりランドが稲城市になったのかというと、よみうりランド開園のはるか前の明治時代にさかのぼる。

明治時代初期、稲城村は神奈川県に属していた。ところが、一八九三（明治二十六）年、東京府と神奈川県の話し合いによって、新たな境界線が定められ、稲城村は東京府となった。このとき、本来ならよみうりランドの敷地一帯も稲城村になるはずだったが、なぜか一部の土地が神奈川県に残ってしまったらしい。理由については判然としない。

しかし当時は多摩丘陵の山林だったので、飛び地になっていたとしてもなんの不都合もなく、飛び地を解消しようという動きにはならなかった。

その後、時代が下り、山林を開発して遊園地をつくることになった。一九六四（昭和三十九）年のことである。この年は東京オリンピックが開催された年で、日本中が好景気で土地開発にも積極的だった。

このとき、よみうりランド建設予定地が稲城市の飛び地と川崎市にまたがることがわかったが、前述したように、入り口が飛び地の稲城市にあったため、住所は東京にしたというわけだ。

よみうりランドに行った際には、地図を片手に稲城市の飛び地と川崎市の境目を探してみるのも面白いかもしれない。

新しい市の誕生で、郡が南北真っ二つに！

〈栃木〉

栃木県中部に位置する「さくら市」は、平成の大合併により新しく誕生した市である。名前は珍しいひらがな表記だ。市名は公募され、応募案のなかから最終的に協議会で決定した。決定理由は、さくら市を構成している旧氏家(うじいえ)町、旧喜連川(きつれがわ)町ともに桜の名所があったからだ。

それなりに納得できる命名理由だが、旧氏家町は古くから交通の要衝として栄えた場所であり、旧喜連川町は城下町である。どちらも歴史ある土地であるため、なぜ「さくら」という一般的な名称になったのかをいぶかる人もいたようだ。

当初さくら市の合併は、ほかに一市二町も候補にあがっており、結果がわからなかったため、どのような結果になっても適用できるようにと、由緒によらない一般的な名が選ばれたのではないかとも囁かれている。

このさくら市誕生は、周囲にも大きな影響を与えた。それが塩谷郡の分断である。旧氏家町も旧喜連川町も、もともとは塩谷郡。しかも、塩谷郡の真ん中に位置していた。塩谷郡は、ほかにも北側に塩谷町、南側に高根沢町があったが、真ん中に位置していた旧氏家町と旧喜連川町によるさくら市誕生により、塩谷郡は北と南に分かれてしまうことになったのである。

◀巨大な郡からの離脱が相次いだワケ

なぜ塩谷郡は分断されることになったのか。

その前に、塩谷郡のあゆみを振り返っておこう。もともと塩谷郡は現在の矢板市、那須塩原市、日光市を含む巨大な郡だったが、あまりにも大きすぎたため、郡から離脱する地域が出てきた。郡からの離脱が相次いだ結果、二〇〇五（平成十七）年には、氏家町、喜連川町、塩谷町、高根沢町の四町になった。

冒頭で紹介したように当初は、矢板市、氏家市、喜連川町、塩谷町、高根沢町の

さくら市の誕生で塩谷郡が真っ二つに。

一市四町での合併が検討されていたが、高根沢町は、宇都宮市や芳賀町との合併を望んだため、一市四町での合併協議からは離脱することになった。

その後、合併に前向きだった塩谷町も、合併条件が折り合わず頓挫。結局、高根沢町と塩谷町は、合併することなく現在もそのままである。

残された氏家町と喜連川町は、矢板市に編入という形ではなく、二町による合併を望んでいた。結果、さくら市の誕生となった。

こうして塩谷町と高根沢町は、さくら市によって北側と南側に分断されてしまったわけだ。分断されたとはいえ、もともと行政サービスは各町で独自に行なっていたので、分断前と変わったところは何もない。北と南が分断されたと聞くと、さぞかし不便が出るだろうと思ってしまうが、利便性への影響は皆無だという。

県内最大の市は、なぜかサンドイッチ状態!?

〈徳島〉

徳島県のもっとも西に位置する三好市は、剣山や吉野川など、四国を代表する自然に恵まれた地域だ。また県下でもっとも面積の広い市でもある。しかしながら、山間地域のため、人が住める場所は少なく、市の面積のおよそ七三パーセントは人が住んでいない。

三好市が県内で一番面積が広い市となったのは、平成の大合併によるものだ。当時、三好郡と呼ばれていた圏域にあった三野町、三好町、井川町、三加茂町、池田町、山城町、東祖谷山村、西祖谷山村の六町二村、計八つの自治体での合併の話が持ち上がった。二〇〇二（平成十四）年のことである。

八町村による三好郡合併問題研究会が設置され検討が繰り返された。だが、それぞれ独立した自治体として運営してきたので、各々で事情や考えも違う。八つの自治体がすべて合意できるまでには至らず、結局、研究会は解散となった。それでも、八町村すべてではなく、一部でも合併できないかという模索は続けられた。

◀なぜ旧三野町が飛び地になってしまったのか？

今度は二つに分けて合併が検討された。三好郡の東部に位置する三野町、三好町、井川町、三加茂町と、西部に位置する池田町、山城町、東祖谷山村、西祖谷山村だ。この二つの分け方は、東部と西部で分けられるだけでなく、両者の思惑にも一致していた。東部グループはそれほど広くない地域での合併を望み、西部グループは広い地域での合併を望んでいたのだ。面積で比べると、はるかに西部グループのほうが広かった。

これで合併がまとまると思った矢先の二〇〇四（平成十六）年九月、事態は急変する。東部グループの井川町が、突然、合併から抜けると宣言。井川町の言い分は、狭い地域での合併を目指したが、よくよく調べてみると、経済的な格差があったり、

三好市の飛び地状態になった旧三野町。

下水道の敷設率の問題があったりして、現行の四町の合併はメリットがないというものだった。

そして翌月には、三野町までもが東部グループの協議から抜けてしまう。結局、東部グループを離脱した井川町と三野町は西部グループの合併へ加入してしまった。こうして四町二村による三好市が誕生。三好市は県最大の面積を持つ市となった。

東部グループのなかで残った三好町と三加茂町は、二町で合併することにし、東みよし町となったのである。

このため、一番東に位置していた旧三

野町は三好市だが、その西隣には旧三好町と旧三加茂町が合併した東みよし町があり、それを挟んだ西側には三好市の主地域があるという形になってしまったのである。

旧三野町の住民は、行政手続きなどを行なう際に、東みよし町を通って、主地域に行かなくてはならず不便だろうと思ってしまうが、旧三野町に総合支所があって、ほとんどの手続きはここでできるため、とくに不便はないという。

主地域より飛び地のほうが面積が広いって？

〈北海道〉

飛び地と主地域、どちらが広いのかと言えば、当然ながら主地域のほうが広いと思うだろう。ところがなかには、飛び地のほうが広いという不思議な場所が存在する。

飛び地の面積のほうが主地域の面積の約一・六倍もあるのが、北海道伊達(だて)市の飛び地（旧大滝村）だ。主地域の面積は一七〇平方キロメートルだが、飛び地である旧大滝村の面積は二七四平方キロメートルもある。

もちろん、大きさだけでどちらが主地域かが決まるわけではなく、人口や経済活動の中心がどちらなのかが考慮されるので、このような逆転もあり得ないことではない。

伊達市が飛び地を抱えることになったのは、平成の大合併によるもので、本来は大滝村だけでなく周辺のほかの町村とも合併するはずだった。しかし話がまとまらず、最終的に大滝村とだけの合併となる。

伊達市と大滝村との間には壮瞥（そうべつ）町があるため、大滝村が飛び地になってしまったというわけだ。

同じように飛び地のほうが大きくなったのが、北海道旧日高町だ。しかも合併後、町名を引き継いだにもかかわらず、飛び地扱いとなっている。現在の日高町は、旧日高町と旧門別（もんべつ）町が合併してできたが、間に平取（びらとり）町があるために、二つの旧町は分断されている形だ。

前述したとおり、主地域と飛び地は、面積の広さで決まるわけではない。旧日高町のほうが広かったものの、圧倒的に旧門別町のほうが人口が多く、経済活動も旧門別町のほうが中心だったため、旧日高町は、新しい町にその名を残したものの飛び地となった。その面積は約五六四平方キロメートル。これは淡路島とほぼ同じ大きさである。

◀釧路市の飛び地は、過去のわだかまりのせい？

主地域よりも飛び地の方が大きいわけではないが、面積四〇一平方キロメートル、名古屋市や神戸市よりも広い飛び地となっているのが、釧路市の飛び地である旧音別町である。釧路市との間に旧白糠町があり、飛び地になっている。

最初は周辺の市町村も合併するつもりでいたものの、途中でいくつかの自治体が離脱したために、飛び地が誕生してしまうことはよくあることだが、旧音別町の飛び地の場合、釧路市と釧路町の過去のわだかまりの影響を受けた感がある。

釧路市が合併を模索したのは、近隣の阿寒町、白糠町、音別町、鶴居村、釧路町である。一市四町一村の計六自治体の合併を試みた。

釧路町は、釧路市に属していると思われがちだが、釧路町の帰属は釧路郡。隣り合っているとはいえ別の自治体だ。しかしながら、過去には同じ自治体だったこともあり、そのときのある出来事が、釧路町にとっては忘れられないのかもしれない。

一九二〇（大正九）年、当時の釧路町（現釧路市）は、この頃、町村よりも大きな行政単位として北海道に存在していた区への昇格のために、当時の釧路村（現釧路町）を切り離すことにした。なぜなら、区への昇格には一定以上の割合が市街地であることが条件となっており、条件を満たすために人口の少ない釧路村を切り離し、面積に対する市街地の割合をあげようとしたのである。

こうした過去の出来事のためか、一度は合併に前向きだった釧路町が、なぜか途中で離脱。それに呼応するかのように鶴居村と白糠町が退いたのである。結果、釧路市との合併に合意したのは阿寒町と音別町で、旧音別町エリアが飛び地になってしまったというわけだ。

飛び地のなかに飛び地がある「二重飛び地」〈千葉〉

飛び地になった経緯をひも解くと、自治体の思惑が色濃く残った結果、複雑怪奇な状態をつくってしまう場合がある。その一つが千葉県東金市の飛び地だ。

東金市の北西部の上布田地区のなかに、山武市の飛び地がある。ここまでなら、よくある飛び地だが、じつは、この山武市の飛び地のなかに、さらに東金市の飛び地がある。つまり二重に飛び地が存在するのである。

事の起こりは、一八八九(明治二十二)年の明治の町村制施行にまでさかのぼる。このとき、上布田、下布田、極楽寺、三ケ尻、酒蔵、滝沢、植草、雨坪、武勝の村が合併して源村が誕生した。

そして一九五四(昭和二十九)年になって、ふたたび合併の機運が高まる。戦後の新たな時代、次なる行政区画でさらなる経済発展を目指そうというわけだ。源村が合併相手として考えたのは、東側にある日向村（現山武市）だった。

ところが、その合併話に横やりを入れたのが、東金町（現東金市）だ。東金町にはどうしても合併相手を探したい理由があった。当時の東金町の人口は約二万九八〇〇人と、非常に大きな町だった。当時、町から市への昇格条件は人口三万人以上。つまり東金町は、あと人口が二〇〇人程度増えれば、昇格条件を満たせる状態だった。むろん自力で人口増を目指す方法もあるが、それでは時間も労力もかかる。そこで、人口二〇〇人以上のどこかの自治体と合併することを模索していたのだ。

こうして、東金町は隣接する源村に合併してくれるよう、源村の村会議員に積極的にアプローチをし始めたのである。

◀東金町と日向村の合併合戦の行方は？

この東金町の動きに、日向村は異を唱える。日向村としては「我々と合併する方

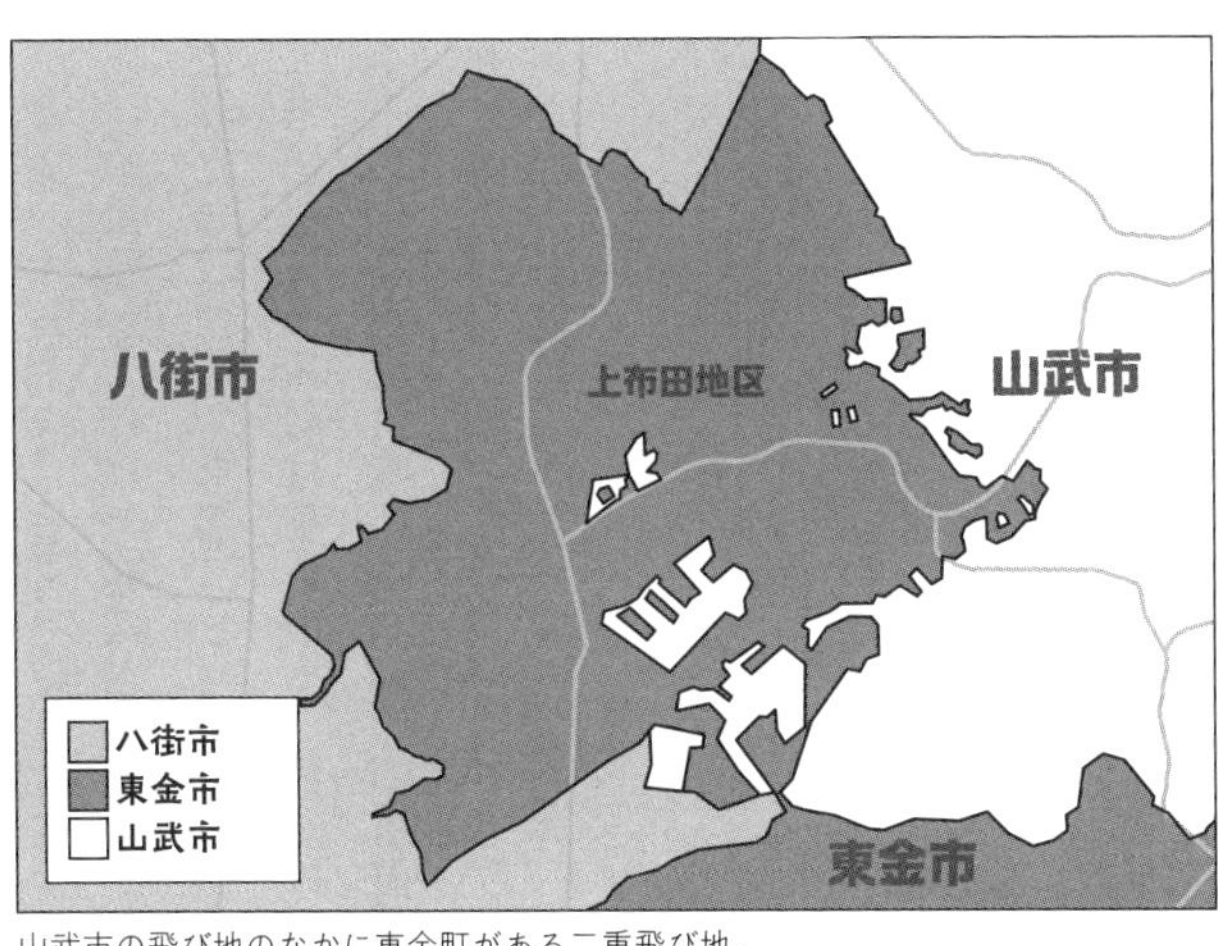

山武市の飛び地のなかに東金町がある二重飛び地。

向で進んできたはず」と源村に強く迫ったのである。

さらに、日向村がどうしても譲れなかったのが組合立日源中学校の存在だ。「日源」の名が示すとおり、この中学校は行政区の違う日向村と源村が協力して建てた中学校である。東金町との合併によって、日源中学校が東金町に編入されてしまうのは、絶対に認められないと主張した。

こうして、源村のなかで日向村派と東金町派が生まれ、対立するようになった。何度も話し合いが行なわれたが、妥協案は見つからなかった。

結局、村全体で合併相手を選択することなく、源村を二分することに。東金町派と日向村派が、自分の地域を相手方に組み込まれないように守ったために、モザイク状になったのである。

その後、東金町は東金市へ、日向村は山武市となり、冒頭で紹介したように、東金市の上布田地区内に山武市の下布田の飛び地があり、その下布田地区内に東金市の上布田地区の飛び地があるという二重飛び地ができてしまったのである。

温泉地だけが飛び地になっているミステリー

〈栃木〉

温泉地だけが飛び地になっていると聞けば、おそらく合併に際して帰属の変更を拒んだのではないかと、背景の物語を想像してしまう。しかし、飛び地となっている栃木県の三斗小屋（さんどごや）温泉の事情はちょっと違う。

三斗小屋温泉は、名湯として名高い「那須七湯」の一つ。那須七湯とは、三斗小屋温泉のほか、鹿の湯（那須温泉）、大丸温泉、北温泉、弁天温泉、高尾温泉、八幡温泉がある。

三斗小屋温泉は那須町のなかに位置しているが、帰属は那須塩原市で、紛れもなく飛び地である。飛び地になってしまった経緯はこうだ。

明治時代中頃まで、三斗小屋温泉を含む温泉地一帯は板室（いたむろ）村だった。一八八九

（明治二十二）年、板室村は高林村（現那須塩原市）に編入された。

このとき、問題が生じる。高林村と隣接する那須村（現那須郡那須町）との境界線問題である。話し合いをしたものの、当時参加した人数が多かった那須村のほうが、なかば強引に境界線を決めてしまう。

ところが、その境界線は、三斗小屋温泉だけを残して、周囲の山林はすべて那須村とするというものだった。つまり、三斗小屋温泉だけが高林村のままになったのである。

その後、高林村は一九五五（昭和三十）年一月に黒磯町や鍋掛村などと合併して黒磯町になる。黒磯町は一九七〇（昭和四十五）年、黒磯市に昇格し、二〇〇五（平成十七）年には、西那須野町、塩原市と合併して那須塩原市となった。

これにより、取り残されてきた三斗小屋温泉も那須塩原市となったわけだ。

◀三斗小屋温泉にたどり着くのは容易でない

有名な温泉なのに、那須村からも高林村からも欲されなかった存在だったと聞くと、三斗小屋温泉はとても気の毒な気がするが、どちらの村も気に留めなかったのは、三斗小屋温泉が山頂にあったからだ。

三斗小屋温泉の名の由来は、山頂の温泉へ行こうとすると、三斗（約四五キログラム）の米俵を運ぶので精いっぱいの、険しい山道を登らなければいけないからというもの。

現代の三斗小屋温泉も、その道のりは険しい。那須ロープウェイで茶臼岳の山麓駅から山頂駅まで行く。山頂駅からは約二時間の登山が必要で、ひと苦労である。

三斗小屋温泉唯一の宿が大黒屋だ。大黒屋は日本最古の山岳温泉宿として栄え、江戸時代は修験者や武士、商人の湯治場だった。昭和期になると、多くの登山者が愛用するようになった。

大黒屋は別名「ランプの宿」と呼ばれている。なぜなら電気が通っていないため。とはいえ自家発電は利用している。同様に水道もないが、豊かな山の天然水がある。

本館、新館、別館があり、とくに本館は一八六九（明治二）年に建て直されたもので、まるでタイムスリップしたかのようなレトロ感が魅力の宿である。

福岡で注目を集めた、池に浮かぶ飛び地

〈福岡〉

小島が飛び地になっているユニークな場所が、福岡県福津市にある牟田池である。小島は小島でも、海ではなく池に浮かんでいる。そのことが、飛び地になってしまった原因とも言える。

牟田池は、自然にできたものではなく人工池。灌漑用のため池である。江戸時代初期、この辺りはよく水不足となった。水がなければ作物は育たない。その解決策としてつくられたのが、牟田池であった。

牟田池をつくったのは、当時の牟田尻村（現宗像市）だ。土地を掘ってつくったわけだが、ここには一部、小高い丘があった。丘を掘って池にするには相当な労力がかかる。灌漑用の池を確保できさえすればよかったので、小高い丘には手を加え

ずにそのままにした。結果、小高い丘だった部分が、ぽっかりと池に浮かぶ小島のようになったというわけだ。

牟田池は牟田尻村によってつくられたが、その利用には牟田尻村だけでなく、隣の勝浦村（現福津市）も含まれた。水利権は両方の村で持つことになり、仲良く水を分け合っていたのである。

明治時代になり、町村合併が行なわれると、牟田池は勝浦村の帰属とされた。牟田尻村につくったはずだが、水利権を持つ住民がたくさん住んでいたのが勝浦村だったからだ。

このとき、池の全部を勝浦村のものにするのは気が引けたのかはわからないが、なぜか池の小島の部分だけは、牟田尻村のものとされた。

というわけで、現在も小島は旧牟田尻村のもの、つまり現在の宗像市に属し、牟田池自体は旧勝浦村のもの、つまり現在の福津市に属することになっているわけだ。

◀二〇〇八年、小島に注目が集まったワケ

牟田池の小島は、こうして宗像市の飛び地になったが、ここに人は住んでいないので、飛び地にありがちな行政サービスの不都合による問題はない。

ところが、二〇〇八（平成二十）年、この小島に注目が集まったことがある。それは福津市の面積についてであった。じつはそれまで国土地理院では、この小島の帰属に関して、宗像市と福津市の両方だと思い込んでいたらしい。そのため、小島の面積五〇〇平方キロメートルを、宗像市、福津市の両方に加えて、それぞれの市の面積を出していた。

しかし二〇〇八年になって、小島は宗像市のみに帰属していることを知り、これまでの計算方法を改めることになった。「今さら？」とも言いたくなるが、福津市の面積から、小島の面積分を引いた数値を正式な福津市の面積にすることにした。この国土地理院の思い違いによって、改めて小島が飛び地であることが広く知れわたることになった。

じつは「飛び地のオンパレード」の伊丹空港

〈大阪、兵庫〉

大阪の空の玄関口である大阪国際空港は、通称伊丹空港と呼ばれている。これは、前身の米軍基地であった時代に、「イタミ・エアベース」と呼ばれていた名残だという。一九五八（昭和三十三）年、米軍から返還された。

とはいえ、伊丹という名は不可解と言えば不可解である。伊丹空港の住所は大阪府豊中市であり、伊丹市ではない。正確に言えば、伊丹空港は豊中市と大阪府の池田市、兵庫県の伊丹市にまたがっている。ターミナル事務所が豊中市の市域にあるため、住所は豊中市となっているのだ。

伊丹空港が三市にまたがり、しかも大阪府と兵庫県の境界にもなっていることに驚くかもしれないが、もっと驚くべきは、空港敷地内に、多くの飛び地が存在していることだろう。

たとえば、二〇メートル四方といった小さな飛び地があったり、豊中市の市域に池田市の飛び地があったり、池田市の飛び地のなかに豊中市の飛び地があったりする。

まさに飛び地の宝庫と言えそうな場所だ。伊丹空港自体は国有地なので税金の徴収は国税となり、三市が入り組んでいたとしても問題はない。また空港に住民はいないので、行政サービスは発生しない。

ただ空港と言えば、管理やセキュリティは厳重なはず。基本的な管理は、ターミナル事務所がある豊中市が中心だが、セキュリティに関しては、大阪府豊中警察署の空港警備派出所と兵庫県伊丹警察署の空港警備派出所が行なっている。大阪府と兵庫県の両県で空港の安全を守っているわけだ。

◀伊丹空港の飛び地は豊臣秀吉が原因か？

なぜ伊丹空港内は、こんな飛び地のオンパレードになってしまったのだろうか。

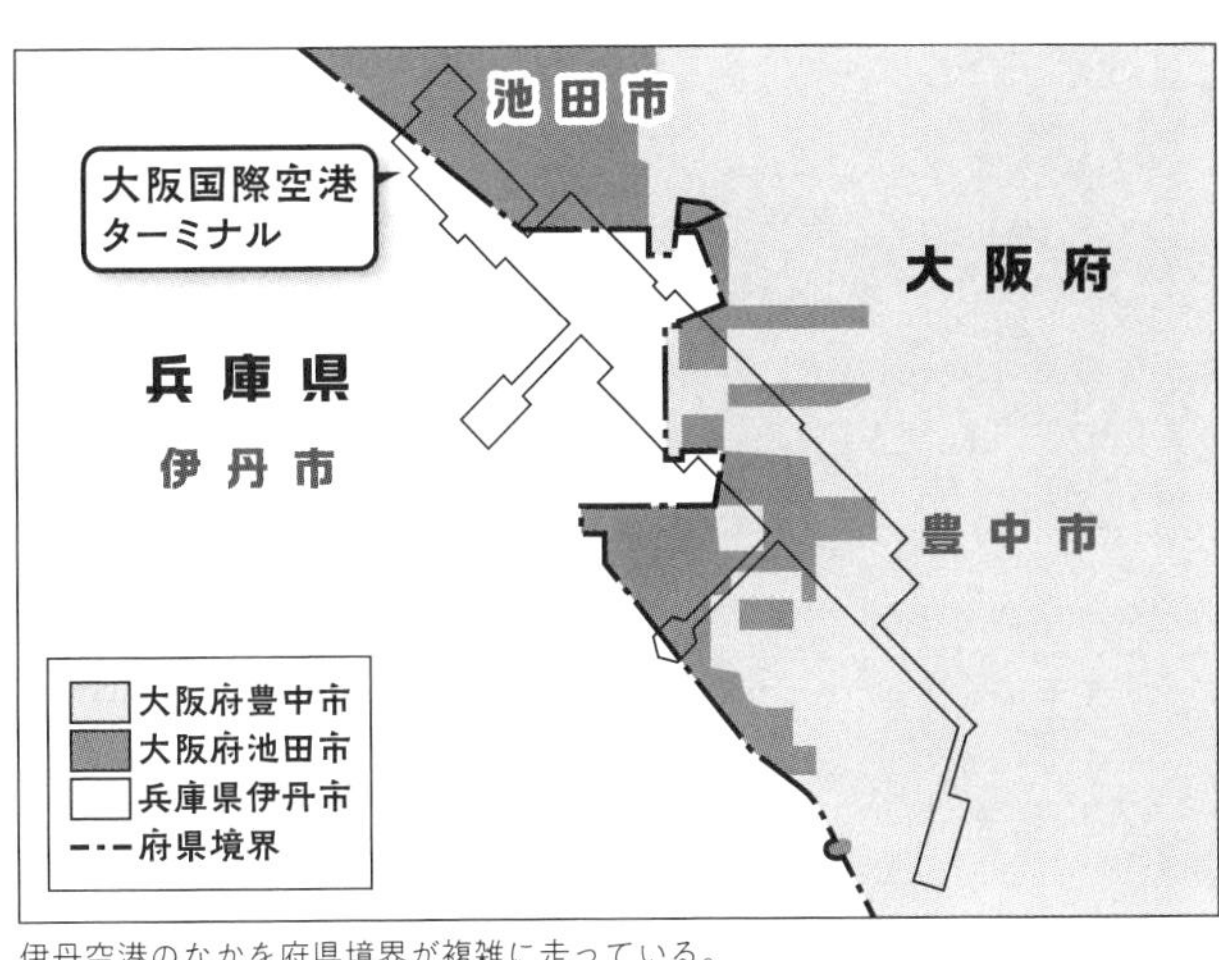

伊丹空港のなかを府県境界が複雑に走っている。

二〇一一年十一月十三日付の日本経済新聞では、現大阪大学名誉教授の村田路人氏の話を紹介している。村田氏によると、豊臣秀吉が太閤検地を実施したとき、徴税しやすくするために、大きな村に対して一括ではなく、細かく分割したことによるものではないかという。

この検地の細かな区割りによって、別の村とされてしまった田畑が多数存在していたが、以降、合併することもなくそのまま継承されたため、多くの土地が飛び地状態のままになったというわけだ。

実際、江戸時代の地図『享保十六年小坂田村絵図』には、すでに飛び地が記されている。江戸時代以前から飛び地状態だったことは間違いないようだ。

享保十六年は西暦で一七三一年。少なくとも二九〇年あまり飛び地だったことになる。ここまで長くなると、特段のデメリットが生じない限り、飛び地歴の更新は続いていきそうだ。

第三章

日本編

ドタバタ帰属問題

戦後しばらくはアメリカ領だった小笠原諸島

〈東京〉

東京都ながら、小笠原諸島は東京都本土とは一〇〇〇キロメートルも離れている。大小二八の島々からなるが、大きくは、聟島(むこ)列島、父島列島、母島列島、硫黄(いおう)列島の四つに分けられる。

「東洋のガラパゴス」とも呼ばれる小笠原諸島は、大陸と離れていたため独自の進化を遂げた動植物が多く、二〇一一(平成二十三)年、ユネスコの世界自然遺産に登録された。

住民がいるのは父島と母島で、どちらも自然豊かな観光地として人気が高く、夏休みともなると、なかなか宿がとれないほどだ。

今でこそ日本を代表する観光地だが、太平洋戦争以後、しばらくはアメリカ領だったことをご存じだろうか。終戦を機に、事実上アメリカ海軍の占領下に入り、サンフランシスコ平和条約によって、小笠原諸島は正式にアメリカの施政権下に置かれたのだ。

アメリカから日本へ返還されたのは一九六八（昭和四十三）年のこと。一九四五年からじつに二三年間もアメリカの施政権下だったことになる。返還によって、島民はようやく帰島が許されたのである。

◀小笠原諸島はイギリス領になっていたかも？

江戸時代にさかのぼれば、小笠原諸島の日本帰属が危ぶまれたことがあった。欧米の捕鯨船が日本周辺にもやってくるようになった一八二三（文政六）年、アメリカの捕鯨船は小笠原諸島を発見し、発見した船の船長の名をつけた。

次に、小笠原諸島にやってきたのがイギリスの測量船で、小笠原諸島は自国の領土だと宣言した。欧米の船が小笠原諸島に注目したのは、長い航海に際して、燃料や食料を供給する中継地にしたかったからである。

その後、一八五三（嘉永六）年、アメリカのペリー提督が父島に上陸し、貯炭所を造ったのだが、これをきっかけに領有権問題が発生する。貯炭所まで造ったアメリカに対して、イギリスが「先に領土だと宣言したのは我々のほうだ」と抗議したのだ。

小笠原諸島をめぐって、アメリカとイギリスの領有権争いが始まるかに思われた。ところがアメリカが主張したのは、「この島を最初に発見したのは日本人である」というものだった。

たしかに一五九三（文禄二）年、信濃深志城主の孫である小笠原貞頼（さだより）が発見したことから、小笠原と名付けられたと伝わっていたが、証拠となる記録があるわけではなかった。

けれども実際、幕府が調査団を送ったのは一六七四（延宝二）年のことで、アメリカやイギリスよりも先に見つけたことは間違いなかった。ところが、欧米が自国領土の宣言をしたときでも、列強国に及び腰だったのか、幕府は抗議しなかった。

もしアメリカが「最初に発見したのは日本人」と主張していなかったら、そのままアメリカ領かイギリス領になっていても不思議ではない。

今日の小笠原諸島はアメリカのおかげ

なぜ、アメリカが自国の領土と主張せずに日本の領土だと言ったのかは、はっきりしない。イギリスと直接対峙することを避けたかったのか、ひとまず日本領としてイギリスを牽制し、あとでアメリカに取り込もうと考えていたのか……。

とにかくこのひと言で、幕府は小笠原諸島の日本帰属を主張し始め、外国奉行水野忠徳(ただのり)とアメリカの駐日公使ハリスとの間で、正式に小笠原諸島は日本の領土だと認められたのである。このとき、イギリスの駐日公使は異議を申し立てたものの、それ以上こじれることはなかったのである。

わずか一日で消失した、はかない南大阪市

〈大阪〉

行政手続きのルールで、わずか一日だけ存在した市が存在する。南大阪市である。南大阪市が存在したのは、一九五九（昭和三十四）年一月十五日のこと。しかしその翌日には、南大阪市は消失し、代わりに羽曳野（はびきの）市が誕生した。羽曳野市は大阪府の南河内地域に位置し、古市（ふるいち）古墳群など古墳が多いことでも知られる。

南大阪市が一日で消失しなければならなかったのは、町から市への昇格手続きは国が、市名変更の手続きは都道府県が管轄だったため、一度に二つの手続きをすることができなかったからだ。しかも、これらは同時にできないため、まず国の手続きをし、翌日、都道府県の手続きをすることになり、一日のタイムラグが生まれてしまった。

一九五六（昭和三十一）年、古市町と高鷲（たかわし）町と四つの村が合併して南大阪町が誕生した。南大阪町は合併により人口三万人を超えたことで、町から市への昇格条件が整った。そこで、町から市へと昇格する手続きをしたのが、前述の一九五九年一月十五日である。

しかし、町から市へと昇格したのに合わせて、南大阪町にはもう一つの宿願があった。それが市名の変更である。こちらは都道府県の手続きが必要だった。そこで、市へと昇格した翌日に都道府県へ名称変更の手続きをし、南大阪市から羽曳野市へと生まれ変わったのである。

◀羽曳野の名にこだわる背景には、ある伝説が……

そこまでして市名を変更する必要があったのかと不思議に思うかもしれない。南大阪市という名はシンプルでわかりやすく市名としてふさわしい気もする……。

ただ羽曳野は、この地に古くから伝わる白鳥伝説にちなんだ地名であり、そう簡単にあきらめることができなかったのである。

白鳥伝説とは、ヤマトタケルノミコトにまつわる話である。ヤマトタケルノミコトは大和朝廷の命を受けて、全国統一の任務を果たすべく遠征を行なった英雄だ。しかし遠征先の東方から大和へ帰る途中、三重県亀山(かめやま)市あたりで命を落としてしまう。その後、ヤマトタケルノミコトは白鳥に姿を変えて大和を目指し、一度地上に舞い降りた後、天に向かってふたたび飛び立ったという。

ヤマトタケルノミコトの化身である白鳥が舞い降り、天へ飛び立った地が、ここ羽曳野だったというわけだ。羽曳野には、大きく羽を広げて飛び去るという意味がある。

羽曳野市は、この伝説の地であることをアピールしており、観光マップにも、ヤマトタケルノミコトの伝説にちなんだ白鳥陵(はくちょうりょう)古墳などを歩く「白鳥伝説ロード」を紹介している。

港区にある品川駅、品川区にある目黒駅

〈東京〉

住んでいる地域に鉄道駅ができるとなると、いろいろな意見はあるものの、地域の活性化と利便性の向上に期待をよせる、歓迎ムードが大半だろう。

ところが、鉄道が初めて日本に導入された頃は、汽車がはき散らす煤煙で環境が汚染される、音がうるさくて生活に支障をきたすとして、鉄道が通ったり、鉄道駅ができたりすることは、住民にとって迷惑な話だった。

その一端を示すのが品川駅だ。品川駅の建設には紆余曲折があり、品川駅と言いながら住所は港区という、現代にも続く奇妙な状況を生むことになった。

品川～横浜駅間で鉄道が仮開業したのは一八七二（明治五）年五月七日のこと。しかし、品川駅の建設に住民はこぞって反対した。反対理由は、前述した汽車への

悪い印象もあるが、品川の住民の場合、ビジネス上の問題もあった。

品川と言えば、東海道五十三次の第一宿場として栄えてきたところ。それが鉄道の敷設によって、品川で泊まらなくても、そのまま東京の中心まですぐに行けるようになったら、宿場が意味をなさなくなり、生活の糧が得られなくなる。住民としては、すんなり鉄道の駅建設を受け入れるわけにはいかなかったのだ。

住民の猛反対にあって一計を案じたのが、鉄道敷設を推進していた大隈重信(おおくましげのぶ)である。住民たちの反対で駅が建設できないのであれば、住民たちがいない場所に駅を造ればいいと考えた。そこで海を埋め立てて、駅を建設することにした。実際、当時の品川駅の南は波打ち際だったという。

それゆえ、一九〇二(明治三十五)年に、品川駅を約三〇〇メートル北へ移動させた。こうして、品川駅は、品川区の境からはどんどん遠ざかることになり、現代の区割りで言うと、住所表示は港区高輪三丁目となってしまったのだ。

ちなみに、京浜急行の前身である京浜電気鉄道も一九〇四(明治三十七)年に品川に駅を造ったが、こちらは品川区内である。一九二五(大正十四)年に、こちらの駅名は北品川駅に改称した。理由は、品川区の北部に位置していたためである。けれども、この改称によって、ややこしくなったのが、品川駅との位置関係だ。港区は品川区よりも北に位置するため、港区にある品川駅よりも南にあるにもかかわらず、北品川駅と「北」の文字が付くという、あべこべ状態になってしまった。

◀目黒駅を高台に造ったら、そこは品川区だった

駅名と区名が不一致になってしまったところはほかにもある。品川駅と同じく、住民の反対で建設予定地とは別の場所に建設されたのが目黒駅である。

目黒駅の誕生は、一八八五（明治十八）年。品川駅ほどではないが、歴史の古い駅である。海を埋め立てて造られた品川駅に対して、目黒駅は高台に造られた。

当初、目黒駅は目黒川沿いの低地に造られるはずだったが、住民の反対にあってしまう。そこで住民への影響が少ない場所を探した結果、川沿いから外れた高台に目をつけたというわけだ。皮肉にも、こちらの住所は品川区。こうして、品川区には品川駅はなく、代わりに品川区には目黒駅ができたのである。

厚木市にないのに、なぜか呼び名は「厚木基地」

〈神奈川〉

通称「厚木基地」は、アメリカ軍と海上自衛隊が共同で使用している。正式名称は、アメリカ軍の在日施設としては「厚木海軍飛行場」、海上自衛隊では「厚木航空基地」である。

厚木基地の総面積は五〇七ヘクタール、約二四〇〇メートルにもなる滑走路があり、航空管制は海上自衛隊が担う。

厚木基地の歴史をひも解くと、一九三八（昭和十三）年、旧日本軍が航空基地にしたことから始まる。一九四一（昭和十六）年、帝都防衛海軍基地となり、首都東京に近い基地として重要な役目を果たしていた。

しかし敗戦により、一九四五（昭和二十）年、アメリカ軍に接収されてしまう。

このときは飛行場としては使われず、キャンプ座間の資材置き場とされていた。その後、一九五〇（昭和二十五）年に、管轄がアメリカ陸軍からアメリカ海軍へ移り、アメリカ第七艦隊の後方支援基地とされ、その役目は現在まで続いている。

この厚木基地、当然ながら厚木市にあると思いきや、そうではない。地図をよく見ると、東側に大和市、西側に綾瀬市と二つの市にまたがったところに位置しており、じつは厚木市域にはない。なぜ「厚木基地」と呼ばれるようになったのか。

カモフラージュのためのネーミングだった？

厚木基地の由来については、はっきりせず、さまざまな説が囁かれている。

たとえば、基地のある場所の地名ではなく、周辺でよく知られた地名をつけたというもの。広大な基地を建設するには広い土地が必要なため、市街地ではなく辺鄙な場所になりがちだが、誰も知らない地名をつけてしまうと、基地まで案内するのが大変になる。そこで、基地周辺で名が通った土地の名をあえてつけたという。実際、厚木（当時は厚木村）は、宿場町として古くからその名が知られていた。

軍事的な観点から、あえて所在地とは違う地名をつけたという説もある。開戦ともなれば、真っ先に狙われるのは航空基地だ。そこで、敵に位置を悟られないように名称でカモフラージュしたという。

さらに、厚木基地の所在地の一つである大和の地名をつけてしまうと、当時、最高軍事機密とされた戦艦大和に通じてしまうことや奈良の大和地方と混同しやすいといった理由で、避けられたという説もある。もっとも、位置を特定されないという点では、奈良の大和地方と混同されたほうがよい気もする。それがなぜ厚木になったのかの説明は伝わっていない。

厚木にない厚木基地。命名の理由もわからないとなると、ますます不思議である。

ちなみに厚木基地同様、厚木市域ではないにもかかわらず、「厚木」の名を冠している例として厚木駅がある。厚木駅を開業した当時の神中鉄道（現相鉄線）は、当初、横浜から厚木村までをつなぐ予定だったが、資金難で海老名に駅を設置した。このとき、駅名を「厚木への玄関口」という意味を込めて、「厚木駅」と名付けた。そのため、現在の厚木駅は海老名市にあるのである。

兵庫県の淡路島は、もともと徳島県だった

〈徳島、兵庫〉

瀬戸内海に浮かぶ淡路島は、日本で七番目に大きな島。鳴門海峡のうずしおを帆船型の大型船に乗って体感するうずしおクルーズや、四季折々の草花が咲く淡路島国営明石海峡公園など、観光スポットも多い。現在、淡路島は兵庫県に属しているが、江戸時代には徳島藩（徳島県）の管轄だった。しかしながら、ある大事件が起こったために、淡路島は徳島県ではなく兵庫県に帰属することになってしまったのである。

淡路島が徳島藩の管轄とされたのは一六一五（元和元）年のこと。徳島藩主・蜂須賀至鎮が大坂夏の陣で功績を挙げたため、恩賞として六万三〇〇〇石の淡路島が加増されたのだ。以後、大政奉還まで淡路島は徳島藩とされた。

◀淡路島が兵庫県へ移されたきっかけとは？

淡路島が兵庫県になったのは、一八七六（明治九）年のことである。江戸から明治へと時代が変わるとともに、淡路島は徳島県から兵庫県へ移されてしまった。その理由は、単なる廃藩置県にともなう境界の問題というのではなく、一八七〇（明治三）年に起きた稲田騒動にあると言われている。稲田騒動は庚午事変とも呼ばれる、徳島藩のお家騒動だ。

稲田騒動の背景には、もともと淡路島を治めていた稲田氏という大名の存在がある。稲田氏は実質三万石の大名だったが、稲田氏が治める淡路島の洲本は正式な藩ではなかった。そのため、徳島藩の組織の実態は、徳島藩の藩主がいて、その藩主の下で稲田氏が淡路島を預り治めているという形になった。これを快く思っていなかったのが、稲田氏の家臣である。自分たちは、三万石の大名の直属の家臣だという自負があるが、徳島本藩の家臣と比べると、家臣（稲田氏）の家臣にあたるため、身分的には劣ってしまうのである。

さらに、この身分の差が禄高にまで影響する事態となったのが一八六九（明治二）年の禄制改革である。明治政府は、武士の身分を士族と卒族（下級武士）に分け、禄高も身分によって差をつけた。稲田氏の家臣たちは、家臣の家臣であるとして下級武士の卒族とされたため、禄高も減らされてしまったのだ。

これに抗議したのが稲田氏の家臣たちだ。自分たちの身分を士族にしてほしいと主張するとともに、そもそも淡路島が徳島に編入されているのは納得できないとして、独立しようと働きかけた。

この抗議活動に激怒したのが、徳島本藩の武士たちである。「何を生意気なことを言っている。下級武士のくせに」というわけだ。そのなかでも過激派の武士たちは、そんなことを言う輩は殺してしまえばいいと考えた。そして、稲田家の屋敷や稲田家の家臣たちの屋敷を襲撃した。稲田氏の家臣一七名が死亡し、二〇名が負傷する事態となった。これが稲田騒動である。

加害者となった過激派のうち首謀者一〇名は打ち首か切腹による死罪とし、二七名は流罪。そのほか、加担した者には禁錮や謹慎という厳しい処分が下った。一方、被害者であるはずの稲田氏にも内紛の原因をつくったとして、北海道への移住が命じられた。

そして、明治政府は兵庫県に対して、北海道開拓費用の十年分を負担させる一方、淡路島を徳島県から切り離し、兵庫県の管轄としたのである。

時代とともに帰属も移り変わった小豆島

〈香川、岡山〉

瀬戸内海国立公園の中心地となっている小豆島は、弥生時代から塩が生産され、皇室や神社の塩荘園として栄えた。また瀬戸内海の要衝で、十世紀頃から海賊の拠点の一つでもあったという。

醤油や手延べそうめん、オリーブオイルなどの特産品が人気で、映画『二十四の瞳』『魔女の宅急便』などのロケ地としても知られる。

現在の小豆島は香川県の帰属だが、その帰属は時代とともに変わってきた。

まず飛鳥時代の持統天皇のとき、吉備国が備前、備中、備後に三分割されると、小豆島は備前（現岡山県南東部）の帰属となった。

しかし、南北朝時代に入ると、讃岐国（現香川県）の帰属になる。

このまま現代まで引き継がれるわけではなく、江戸時代になると、突然、帰属がややこしくなる。小豆島は東部と西部に分けられてしまい、それぞれ帰属先が異なってしまうのだ。

島の西部地域は、美作津山藩の帰属となり、東部地域は、幕府直轄の天領に指定され、管轄は倉敷代官所がすることになった。

明治時代になっても、西部と東部の管轄は分かれたままだった。西部地域は、一八七一（明治四）年施行の廃藩置県によって、津山県（現岡山県東北部）の帰属となったが、同年、津山県は隣に位置した北条県に合併される。そのとき、西部地域は北条県の飛び地として管轄することになった。

幕府の天領だった東部地域は、明治時代になると倉敷県に帰属したが、一八七一年、丸亀県の帰属に変更され、中国地方から四国地方の帰属となった。その後、丸亀県と高松県が合併して香川県が生まれたことで、東部地域は香川県となった。

翌年の一八七二（明治五）年、それまで北条県が管轄していた西部地域が、香川県に移管されることになった。こうして小豆島は、現在と同じ丸ごと香川県の帰属となったわけだ。

◀小豆島が香川県に編入された理由

紆余曲折を経て、香川県となった小豆島だが、帰属をさかのぼると備前だったわけで、岡山県の帰属とされていたとしてもおかしくはない。ある時期は、島内でそれぞれ岡山県側と香川県側に帰属が分かれていた時期もあった。

それがなぜ、最終的に香川県となったのだろうか。

明確な答えは記録されていないが、一説によると、律令時代、管轄は備前だったものの、交易が盛んになるにつれて実質的に管理をしていたのは讃岐国だったという。つまり、古くから小豆島と讃岐は密接なつながりがあった。

また、小豆島の帰属が最終決定した明治初期は、船や鉄道などの公共交通手段が発達していった時代である。瀬戸内海でも船の往来が多くなり、小豆島と香川県との交流がより盛んになっていった。そうした経済活動の実態を配慮して香川県の帰属としたのではないかとも言われている。

誰も住んでいない「歩道だけの町」がある!?

〈愛媛〉〈東京〉

今はスマートフォンのアプリを開けば、目的地まで案内してくれるが、それがない時代は住所の番地だけが頼りだった。郵便物も住所の番地がなければ、正確に届かない。

番地がきちんと順番に割り振られるようになったのは、一九六二（昭和三十七）年から全国で始まった住居表示制度のおかげ。それまでは番地があったとしても並びがばらばらだったり、隣同士の町の境界がはっきりしない場所も多かったりした。整然とした住所表示に改めたからこそ、目的地を探しやすくなり、郵便物や宅配物の配達が効率的になったのだ。

ところが、住居表示制度のルールに従った結果、歩道に住所があるという奇妙な場所が存在する。愛媛県松山市の天山町（あまやままち）である。
二〇一九（令和元）年九月二十四日付の朝日新聞によると、天山町に実際に行ってみたところ、そこは最大幅五～六メートルほどの歩道だという。歩いてみても、わずか三〇秒ぐらいで一周できるそうだ。

地図を見ると、歩道の北側と東側には福音寺町（ふくおんじまち）、西側は天山一丁目、南側は天山二丁目とある。ほんの数メートルの歩道だというのなら、なぜ隣接する天山一丁目か二丁目に入れられなかったのだろうか。

このとき、天山町の組み込みを阻んだのが、住居表示制度のルールだ。それによると、町と町の境は、道路や河川、線路などの恒久的な施設によって決めることになっている。歩道である天山町の横はすでに道路があったため、南側の天山二丁目とも、西側の天山一丁目とも、道路で隔てられる形になり、どちらにも組み込めなかったのだ。

じつは歩道である天山町は、通学路を拡張したいということで、松山市が一九九二（平成四）年に新たに取得した土地だった。その後、二〇〇〇（平成十二）年になって、住居表示制度に従い、歩道も含めた旧天山町内を、わかりやすい区画（丁目）に区切ることにした。こうして誕生したのが天山一丁目と天山二丁目だが、歩道の旧天山町は前述した理由でどちらにも入れずにポツンと残ってしまった。

とはいえ、松山市の所有地であり、誰かが住んでいるわけでもないので、この住所表示でもなんの不都合はないまま、今日に至っている。

◀なぜ住民のいない羽田空港に番地があるの？

住居表示制度により、一丁目から三丁目までの住所表示が定められたのが羽田空港だ。旧B滑走路を境として、西側が羽田空港一丁目、東側が羽田空港二丁目とされ、一九九三（平成五）年に埋め立てられた部分が羽田空港三丁目となっている。

住民がいるわけでもないのに、なぜ住居表示がつけられたのだろうか。

二〇二三（令和五）年五月八日付の読売新聞によると、郵便物や宅配物の配達を円滑に行なうためだという。羽田空港の面積は約一五平方キロメートルもあり、この広さは渋谷区に匹敵するほどの広さだ。

しかも、羽田空港には企業や行政機関のオフィスが集まっており、その数は一〇〇〇にもなるという。そのため、各オフィスに郵便物を効率よく届けるためには、明確な住所表示が必要なのだそうだ。

愛媛県の天山町と羽田空港は、住民がいないのに住所表示があるという点では同じだが、その理由はずいぶん違っている。

河川工事で帰属問題が生じた三重県木曽岬町

〈三重、愛知〉

地球温暖化の影響だろうか、何十年に一度の豪雨とか、線状降水帯といった言葉をニュースで耳にするようになった。自然災害はいつの時代も脅威だが、台風の恐ろしさをまざまざと感じたのが、一九五九（昭和三十四）年九月二十六日に潮岬に上陸した伊勢湾台風だ。伊勢湾沿岸で甚大な被害をもたらし、死者・行方不明者が五〇〇〇人を超える大惨事となった。

伊勢湾台風の被害を大きくした要因の一つは、木曽川、長良川、揖斐川の三つの川が伊勢湾に注いでいることだった。そこで復旧工事では、大々的な河川改修が行なわれたが、この工事によって、町の立場が大きく変わったのが三重県桑名郡の木曽岬町である。

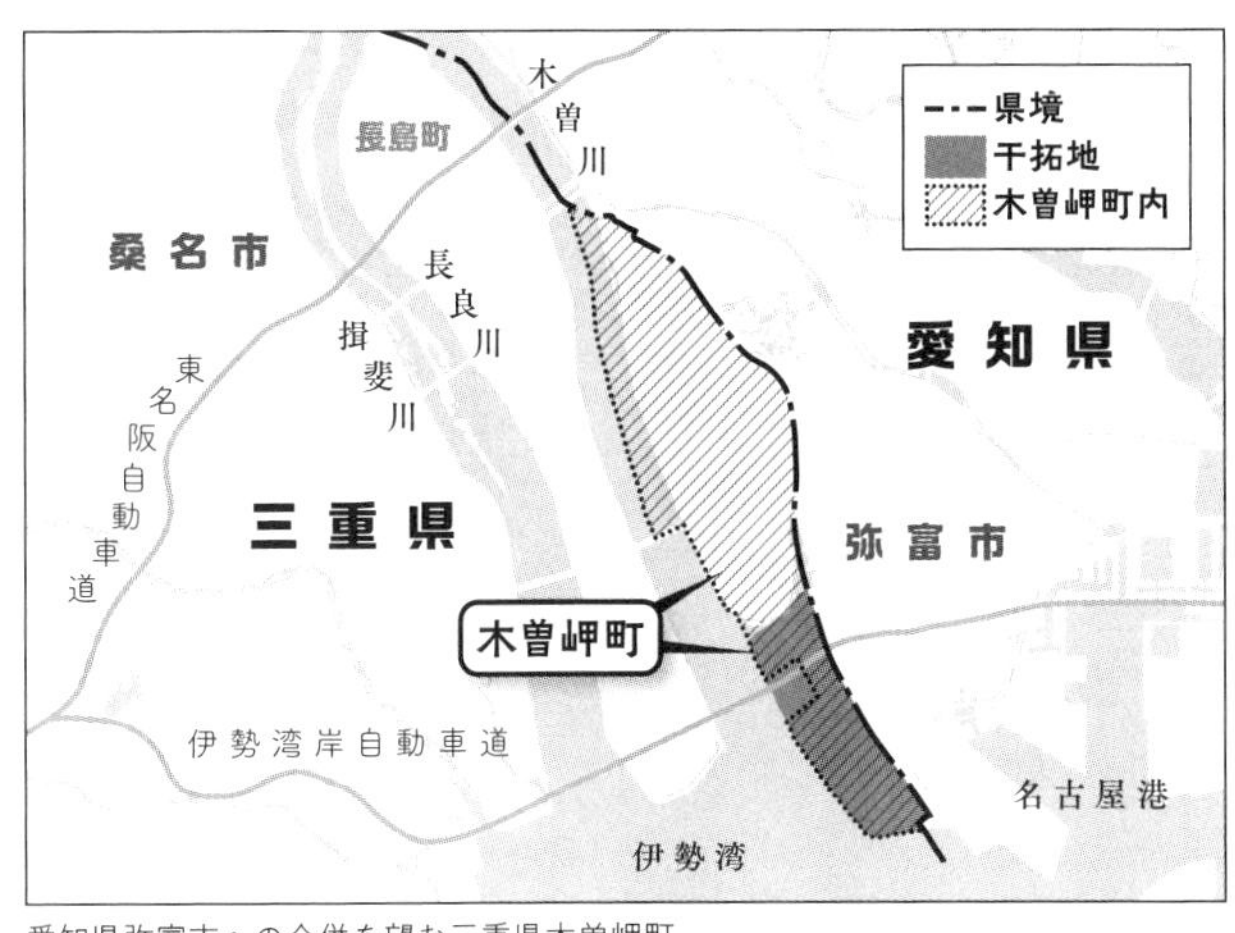

愛知県弥富市への合併を望む三重県木曽岬町。

伊勢湾河口に位置する木曽岬町は三重県に帰属しているが、三重県とは木曽川を挟んだ飛び地のような状態になっている。木曽岬町の東隣は愛知県弥富市で、以前はこちらも川で隔てられていた。

ところが、伊勢湾台風後の改修工事で、木曽岬町と弥富市の間を流れていた川が埋め立てられ地続きとなった。そのため、木曽岬町の住民は、買い物などで弥富市へ行くことが多くなり、交流も活発になっていった。

④三重県と愛知県で所有権をめぐる争いが勃発

どんどん愛知県の弥富市と一体化していく木曽岬町を苦々しく見ていた三重県にとって、どうしても譲れない問題が起きる。干拓地の所有権争いだ。

事の起こりは、一九六六（昭和四十一）年、三重県と木曽岬町が新しい農地の確保のために、木曽岬町の南側を埋め立てて干拓地にすると国に申し出たことだ。国から許可が下り、木曽岬干拓地が完成する。木曽岬干拓地は東京ディズニーランド九つほどの広大な土地である。

木曽岬干拓地は、国の直轄事業として行なわれたものの、干拓の要請をしたのは三重県と木曽岬町で、国も三重県も当然ながら干拓地は三重県のものと思っていた。そこへ「待った」をかけたのが愛知県だ。

愛知県は、木曽岬干拓地は愛知県と地続きであるし、干拓した地域の地権は弥富市（当時は弥富町）にもあるはずだから、干拓の要請をしたのは三重県かもしれないが、帰属は愛知県であると主張した。

東海農政局による調停が行なわれ、三重県と愛知県で何度も話し合われたが双方とも譲らず、一九七三（昭和四十八）年に干拓事業が終わったものの、干拓地は利用されず荒れ地になっていった。

干拓地の所有権問題が決着したのは、干拓地が完成してから二一年も過ぎた一九九四（平成六）年のこと。干拓地の約八二パーセントが三重県、約一八パーセントが愛知県に属することになった。

三重県としては、干拓地の大部分を手中に収めることができたので、それなりに満足のいく結果と言えるかもしれないが、木曽岬町に関しては、心配事が尽きない。というのも平成の大合併の折、木曽岬町に対して、三重県桑名市は桑名郡ではなく自分の市に編入しないかと提案したが木曽岬町はこれを拒否。木曽岬町としては、合併するなら地続きの愛知県弥富市を希望していたからだ。こちらの合併は不調に終わり、現在も木曽岬町は三重県桑名郡のままである。木曽岬町をめぐる三重県と愛知県の駆け引きは、まだまだ続きそうである。

誰も見たことがないのに地図に載っている島

〈鹿児島〉〈北海道〉

国土地理院の地図には載っているのに、その存在が確認できない島がある――。そんな不思議なことがあるだろうか。

二〇二〇（令和二）年五月二十五日付の読売新聞の記事によると、鹿児島県南さつま市の沖合にある無人島・スズメ北小島を目指して、記者が現地へ赴いてみたが、上空から目視しても、スズメ北小島は見当たらなかったとある。地図に記されたスズメ北小島の面積は約三五平方キロメートルあり、上空からでも双眼鏡で確かめれば見落とすはずがない大きさである。

また、周辺の漁師にも取材してみたが、漁師は皆、「そんな島は見たことがない」と言っていたという。

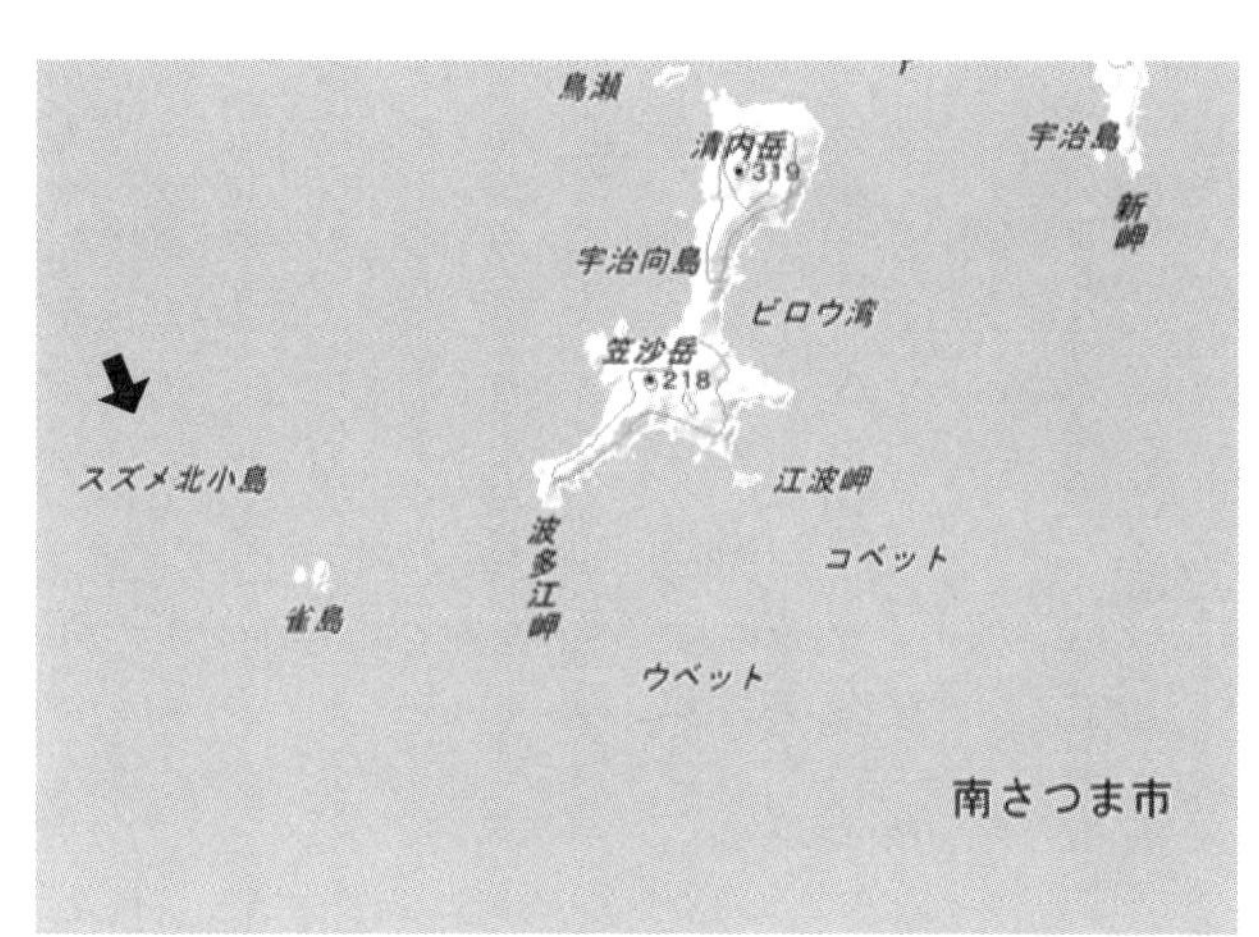

国土地理院地図に残るスズメ北小島（矢印部分）。

◀現地の漁師が知らない島

なぜ、現地の漁師も知らない島が地図に載っているのか。

国土地理院がスズメ北小島を地図に記載したのは二〇一四（平成二十六）年のことと、そんなに古い話ではない。この島を加えた理由は、現地調査をしたというわけではなく、海上保安庁の海図に載っていたからだ。

実際、海上保安庁の海図には、一九八五（昭和六十）年に初めて記載されている。記載に際しては、資料を参考にしたわけではなく、測量したということだが、誰が、いつ、どのような方法で測量したかなど、詳細は判然としない。

前述の記者は、海上保安庁にも取材している。そのときの回答は「もしかすると、島の位置がズレているのかもしれない」というものだった。

海図の目的は船の事故を防ぐのが目的のため、あえて実際の島のサイズよりも大きく記したり、あるいは、ほかの島との兼ね合いを考えて事故が起こらないように、多少位置をズラしたりして記すことは、認められているそうだ。

地図には、スズメ北小島の約六〇〇メートル南には雀島があり、雀島とスズメ北小島の間にも小さな島が記されている。この間にある島は岩礁で、とくに名前は記されていないが、海上保安庁によると、島の存在を知らしめ船の事故を避けるために、あえてこの一帯をスズメ北小島として記したことで、実際の位置と違ってしまった可能性もあるという。

いまだに現地調査が行なわれないワケ

とはいえ、疑わしいのならさっさと現地調査をして、間違いがあれば修正すればいいと思うが、そうできない理由が二つある。

一つは、スズメ北小島の周りには、前述した雀島との間の島だけでなく五〇〇近い島があり、その一つひとつの正確な位置を調査してスズメ北小島かどうかを照合するには、膨大な時間と労力がかかってしまうということだ。

二つ目は、さらに切実な理由で、国益と直結するからだ。じつは、スズメ北小島は国境離島で、これが存在するかしないかで、日本の領海と排他的経済水域が変わってくる。もしスズメ北小島が存在しないとなると、日本の領海は〇・五平方キロメートル狭くなるそうだ。そのためうかつに、島は存在しないとも言えず、念入りな調査が必要になるというわけだ。

ちなみに、地図上には存在するのにその存在が確認できない例はスズメ北小島だけではない。北海道猿払(さるふつ)村沖のエサンベ鼻北小島(はなきたこじま)もそうだ。

こちらの場合は、流氷や波によって削られてしまい、時間の経過とともにその姿が見えなくなってしまったという。

半世紀にも及んだ埋め立て地の帰属問題

〈東京〉

埋め立て地をめぐって所有権を争うということは珍しいことではないが、調停でも決着がつかず、ついには裁判にまで発展してしまったのが、東京湾の人工島「中央防波堤埋立地（中防）」である。

ここは、二〇二一（令和三）年に開かれた東京オリンピックでボートやカヌーの競技が行なわれた海の森水上競技場があることで知られる。中防は都内で生じた産業廃棄物などを埋め立ててできたもので、約九八九ヘクタールの広さを誇る。これは、東京ドームが約二一〇個も入る広さだ。

中防の埋め立てが始まったのは一九七三（昭和四十八）年と、半世紀前のことだ。当初、この人工島の帰属を主張したのは、江東区、大田区、品川区、港区、中央区の五つの区。なぜなら、埋め立てを始める前、東京都が沿岸のこれら五つの区の了承を得て埋め立てを始めたからだ。各区は、埋め立て地ができた暁には、なんらかのメリットがあると期待していた。

その後、人工島に直接アクセスできないとして、品川区、港区、中央区は主張を取り下げた。その反面、対立を激化していったのが、江東区と大田区だ。

埋め立てのために二十三区内のゴミが運ばれたが、ゴミの運搬車は江東区を行き来していた。その間、ゴミの臭いや運搬車によって引き起こされる渋滞など、迷惑をかけられてきた。そのため、人工島の所有は江東区にある、と江東区は主張した。

一方、大田区は、人工島ができる海域は、昔はのりの養殖場であり、それを生業としていた業者の多くは大田区に住んでいた。彼らが漁業権を手放すことで人工島が誕生するわけで、もとの権利をたどれば、大田区ののり業者だと主張した。

中防の内側の埋め立てが終了したのが一九八六（昭和六十一）年。東京都が間に入って解決を促しても埒(らち)が明かなかった。それでも、二〇二〇年開催予定の東京オリンピックまでには解決することで両区とも合意していた。

◀江東区と大田区のバトルはまだまだ続く

二〇一七（平成二十九）年、東京都は「江東区八六・二パーセント、大田区一三・八パーセント」という調停案を示したが、両区とも納得できる案ではないとして決裂。同年、ついに訴訟となった。

判決が言い渡されたのは二〇一九（令和元）年九月。帰属の割合は「江東区七九・三パーセント、大田区二〇・七パーセント」というものだった。以前の都の調停案に比べれば、大田区がいくぶん増えた結果となったが、割合の差は歴然である。

大田区は、判決を受けて控訴するかしないかを悩んだ末、東京オリンピックまでには解決すると約束したこともあり、控訴はしないと大人の対応を示したのだ。東京オリンピックが、ひとまず解決に導くきっかけになったと言えるかもしれない。

こうして、中防の帰属問題は四六年の歳月をかけて決着したわけだが、中防の外側の埋め立てはまだ続けられており、こちらの帰属についても、江東区と大田区のバトルが再び勃発する可能性がある。

ガーラ湯沢スキー場の収まらない境界線争い

〈新潟〉

ガーラ湯沢スキー場は、上越新幹線のガーラ湯沢駅と直結しており、東京駅から最速約七四分で行ける人気アクティビティである。ゲレンデにとどまらず、温泉をはじめ、休憩できるラウンジ、プール、サウナまで、楽しむための施設がそろっている。そのスキー場はいま、湯沢町と隣接する十日町市との間で境界線問題を抱えている。

ガーラ湯沢スキー場は湯沢町と一部は十日町市にまたがっており、現在、スキー場のリフトや駅舎施設の課税権の一部は十日町市にある。

湯沢町も十日町市も、課税権の問題ではなく、境界線をあいまいなままにしておきたくないだけと主張しているが、境界線によって税収が変わるというのは事実だ。

境界をどうするかについて、一九九〇（平成二）年に正式な協議が始まっている。双方で協議を進めたが、なかなか合意に至らず、二〇一五（平成二十七）年からは新潟県が調停に乗り出した。しかし、こちらもうまくいかず、二〇一九（令和元）年には、湯沢町が提訴した。

湯沢町の言い分は、現在の境界線のうちの約一・五キロメートルを西側にズラすべきだというもの。これが認められれば、町の面積が約一・五平方キロメートル増える。何より現在は十日町市とされている一部のリフトや駅舎施設が湯沢町の帰属となる。

また、湯沢町が修正を主張する境界線以外にも、未画定となっている境界線が約五キロメートルある。こちらに対して湯沢町は、「すでに十日町市と合意ずみのはず」と湯沢町が主張する境界線を採用してほしいと訴えた。

湯沢町が境界線の修正を主張する根拠は何かというと、一九三六（昭和十一）年に提出された地図と国有林野台帳だという。

一方の十日町市は、以前、国土地理院に提出した境界証明書により、境界線は相

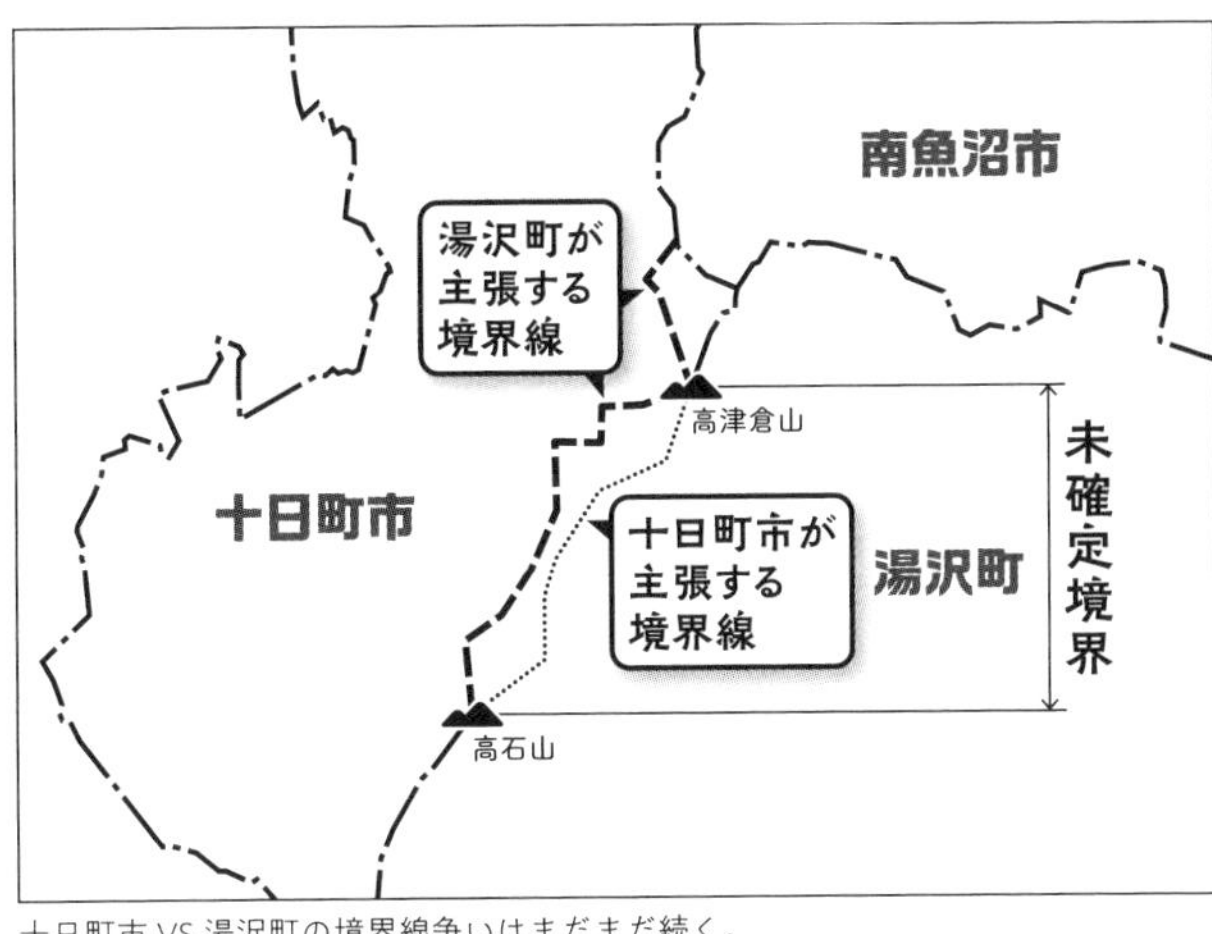

十日町市 VS 湯沢町の境界線争いはまだまだ続く。

互の同意で成立しているはずだと主張している。こちらの主張が認められれば、湯沢町の西にズラすべきという主張は却下されるし、未画定の五キロメートルの境界線も湯沢町のほうへズレることになる。

◀一審判決は出たものの……

二〇二三（令和五）年六月五日、湯沢町と十日町市との境界線争いに対して、新潟地裁は判決を言い渡した。

これによると、高津倉山の南側（未確定部分）については、江戸時代の管理・利用の状況や地勢上の特性などから、十日町市側の主張を認めた。

一方、高津倉山の北側（湯沢町が修正を求めていた一・五キロメートル）については、江戸時代の管理・利用の状況を踏まえ湯沢町側の主張が妥当であるとした。

喧嘩両成敗ではないが、両者の言い分がそれぞれ少しずつ認められた形となった。

この判決が確定すれば、ガーラ湯沢スキー場のリフトの一部などが湯沢町に入ることになり、湯沢町は固定資産税の課税権を持つことになる。

しかしこの判決にどちらも納得せず、両者ともに判決を不服として控訴中である。

三〇年以上続いた争いは、そう簡単にはまとまらないようだ。

まるでトレード!?　二県でとりかえっこした村

〈栃木、群馬〉

合併ともなれば双方の思惑があり、なかなかうまくいかない場合が多い。ましてや県外との合併となると、ハードルが高くなる。それでもお互いにトレードするという形で、以前の帰属県から隣県への合併が行なわれた例がある。それが、栃木県の旧菱(ひし)村と群馬県の旧矢場川(やばがわ)村だ。

菱村は、栃木県の南西部に位置し、帰属は足利郡だった。ところが、栃木県の地域とは山で隔てられていて交流がそれほどなく、群馬県桐生市とは桐生川に隔てられてはいるものの、川を渡ればすぐに行き来できたので、生活圏は桐生市側であった。そのため菱村では、かねてから桐生市との合併を望む声が多かった。

一方、矢場川村は群馬県の東部に位置し、帰属は山田郡だった。矢場川村の立場も菱村と似ており、矢場川を挟んでいたものの、対岸の栃木県足利市との行き来が頻繁で、結びつきが深かった。

このような状況から、菱村は一九五九（昭和三十四）年に桐生市への編入が認められ、一九六〇（昭和三十五）年に旧矢場川村の一部が足利市へ編入されたのである。

◀村の一部しか足利市に編入されなかったワケ

一見、スムーズにトレードが行なわれたように思える。しかしトレードと言えば、同時期に行なわれるものだが、菱村と矢場川村の編入時期は一年の差がある。しかも菱村は村ごと編入したのに、矢場川村の編入は一部にとどまっている。

そこには、ちょっとした争いがあった。

菱村の編入に関しては相思相愛で、とんとん拍子に話が進んだと言っていい。ところが、それを面白く思わなかった栃木県は、合併を承認する条件として、代わりに矢場川村の編入を提示してきたのだ。前述したとおり、矢場川村と足利市の関係は良好だったので、無茶な話ではなかった。しかしこの条件に反対したのが群馬県である。

自分たちは、菱村との合併に向けていろいろ協議して、双方合意のもとに合併を進めてきた。ところが、合併を承認する代わりとして、旧矢場川村が欲しいという栃木県の言い分は、あまりに乱暴ではないかというわけだ。

また、たしかに足利市との合併を望んでいる住民はいるだろうが、それは全員の意見なのか疑問だと指摘した。菱村は村の総意での合併だが、矢場川村の合併話は本当なのかと突いたのである。

この問題は一九五九年に町村合併調整委員会の審議にかけられ、翌年に調停案が出された。それは、矢場川村のうち、矢場(やば)、大町、荒金(あらかね)、植木野(うえきの)字飯堀(あざいいほり)を足利市に編入するというものだった。理由は、これらの地域の住民の多くは、足利市との合併を望んでいたからだ。

この調停案に関しては、総理大臣からの勧告を受けており、群馬県もこれ以上の反論をすることはなかった。こうして二県によるトレードが成立したのである。

中部？　近畿？　東海？　いつも微妙な三重県

〈三重〉

日本を地方別に分けるとなれば、北海道、東北、関東、中部、近畿、中国、四国、九州の八つにするのが一般的だろう。ここでどこに区分されるか、いつも微妙になるのが三重県だ。

三重県の位置は、中部地方と近畿地方のちょうど狭間に位置する。中部地方の中心都市・名古屋にも、近畿地方の中心都市・大阪にも近い。

三重県は近畿地方として扱われるケースが多いようだが、これも統一的な基準があるわけではない。

その証拠に行政機関の区分けを見ると、三重県は中部管区警察局や中部経済産業局、中部運輸局と、中部区域に分類されている。ところが、森林管理局では近畿中国森林管理局の管轄と、行政機関のなかでも区分けが異なる。
夏の高校野球の区分けでも三重県は、愛知県、岐阜県、静岡県とともに東海ブロックに入り、近畿ブロックではない。

◀県の立場は「中部にも近畿にも属しています」

なぜ、このように三重県の分類が、その時々によって変わるかというと、地域の分類は、歴史的背景や地理的要因、経済的つながり、社会的関係など、総合的に判断して決められているからだ。

たとえば、三重県は近畿地方としている教科書が多いのは、歴史的背景によるものである。七世紀後半から十世紀頃までの律令時代、全国は都周辺の畿内（山城、大和、河内、和泉、摂津の五か国）のほかに、東海道、東山道、北陸道、山陽道、山陰道、南海道、西海道の七道に分けられていた。

現在の三重県の、伊賀、伊勢、志摩が東海道、紀伊が南海道に属していた。

ただし、もう一つの分類があり、それは畿内からの位置により近国、中国、遠国とされたもので、三重県は近国に分類された。つまり、畿内ではないけれど、畿内に近い国ということだ。こうした歴史的背景から、教科書では三重県は近畿地方として記すことが多い。

一方、前述した中部経済産業局、中部運輸局の例のように、経済的なつながりを重視すると、三重県は中部地方になるというわけだ。

また、一九六三（昭和三十八）年の近畿圏整備法、一九六六（昭和四十一）年の中部圏整備法では、三重県はどちらにも指定されている。つまり、近畿圏整備法では近畿圏として、中部圏整備法では中部圏として扱われていることになる。

どっちつかずと言えばそれまでだが、地の利を活かせる位置にあるとも言えるだろう。

「三重県は中部地方にも近畿地方にも属していると考えています」というのが、三重県の立場。実際、三重県は、中部圏知事会にも近畿ブロック知事会にも参画している。県民のニーズに応えるためには、どちらかではなく、どちらにも属することが必要で、双方の視点での県政運営をしていくということだろう。

第四章

世界編

おもしろい国境

日本とロシアには国境線が4本もある!?

〈日本、ロシア〉

日本とロシアの国境問題と言えば、北方領土問題である。択捉島、国後島、歯舞群島、色丹島は日本固有の領土であるが、実際にはロシアが実効支配しており、多くのロシア人が生活を営んでいる。この問題を打開しようと日本政府は努力しているが、実現は厳しいと言わざるを得ない。

じつは、日本の地図でロシアとの国境線には、四本の線が引かれている。

まず択捉島と得撫島の間に一本。これは、北方四島は日本固有の領土であるという日本の主張を反映したもの。ロシアは認めていないが、日本の立場からすれば、ここが国境ということになる。

二本目は、宗谷海峡にある。これら二本の線が、日本人が概ねイメージするロシ

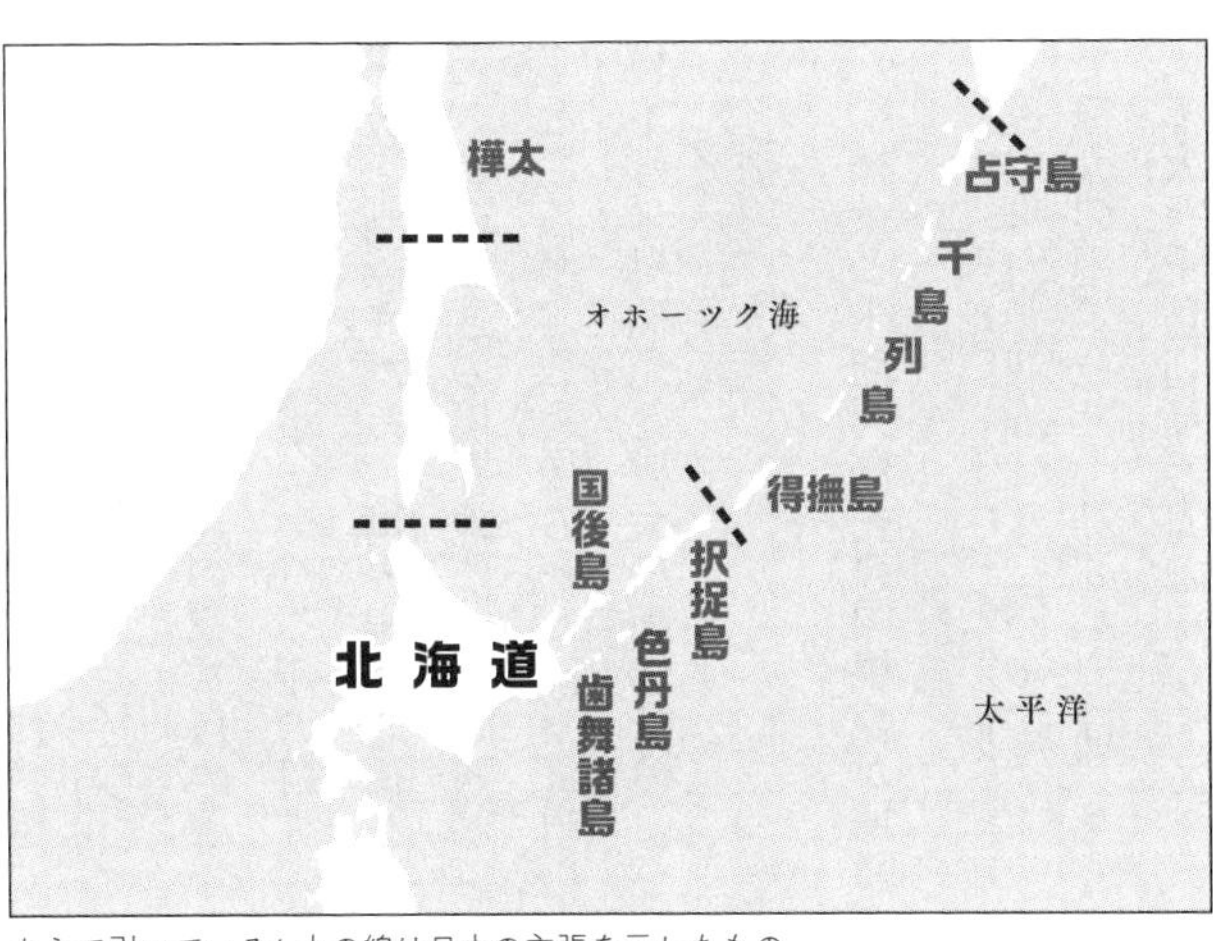

あえて引いている４本の線は日本の主張を示したもの。

アとの国境と言えるだろう。

三本目は、カムチャツカ半島と占守島（しゅむしゅ）の間にあり、四本目は樺太の中央辺りに引かれている。

なぜ、四本の線をあえて地図上に記しているかというと、歴史的な背景がある。

日本とロシアの国境線は時代によって変わってきた。初めて国境線の取り決めがされたのは、一八五五（安政元）年二月に結ばれた日露和親条約（にちろわしん）である。択捉島と得撫島の間を国境とし、樺太は国境を定めずに、日本とロシアのどちらのものでもない雑居地とした。

一八七五（明治八）年になると、ふた

たび両国間で話し合いがもたれ、樺太全島をロシアの領有とする代わりに、日本は千島列島全体を領有することとした。これが樺太千島交換条約である。このとき、決めた国境線が、前述の三本目の線である。

一九〇五（明治三十八）年の日露戦争後のポーツマス条約では、日本は樺太の南半分を割譲された。境界線は北緯五〇度線とし、これより南側が日本の領土となった。このときの境界線が前述の四本目の線にあたる。

ところが、敗戦後の一九五一（昭和二十六）年のサンフランシスコ平和条約で、日本は千島列島と樺太の南半分およびその周辺の島々に対する権利を放棄させられたのである。

樺太と千島列島先の国境線が地図から消えない理由

これまでの日本とロシアの国境線の歴史をたどると、サンフランシスコ平和条約で樺太の南半分と千島列島の権利を放棄させられたのにもかかわらず、なぜいまだに樺太と千島列島の先の線が消えていないのか不思議である。

外務省によると、日本がこれらの権利を放棄させられたのは事実だが、ソ連（ロシア）はサンフランシスコ平和条約に署名していないため、日本が放棄した権利はロシアに移譲されたものではないという。日本のものではないが、ロシアのものでもないというわけだ。そのため、あえてこの二か所にも線を引いている。

北方四島に関しては、千島列島ではないので、サンフランシスコ平和条約で日本が放棄させられた地域には含まれていない。条約時、日本の主席全権だった吉田茂は、北方四島は日本固有の領土であると主張している。

ある皇帝のわがままで引き直された国境

〈タンザニア、ケニア〉

五八九五メートルの高さを持つキリマンジャロ山は、アフリカの最高峰である。キリマンジャロ山の麓で栽培されているコーヒー豆は、ブルーマウンテン、コナとともに世界三大コーヒーとして知られる。

このようにキリマンジャロ山は、タンザニアの代名詞とも言える存在だが、キリマンジャロ山の存在が、タンザニアとケニアの国境線の変更につながったことをご存じだろうか。

今でこそタンザニアに位置するキリマンジャロ山だが、十九世紀後半まで、キリマンジャロ山はケニアの帰属だった。

そして、当時のケニアはイギリスの植民地だった。一方、隣国のタンザニアを植民地としていたのがドイツである。

アフリカの国境線のほとんどが直線なのは、列強の西洋諸国が話し合いで、領土を都合よく分割したからというのは有名な話だが、タンザニアとケニアの場合も例に漏れずに、もともと直線で区切られていた。そして直線の国境線によると、キリマンジャロ山はケニアの領土となっていた。

ところが、一八八四～八五年のベルリン会議で、キリマンジャロ山はタンザニア領に組み込まれることになる。

一説では、ドイツの皇帝ヴィルヘルム一世が、「タンザニアには高い山がないが、ケニアには、キリマンジャロ山と、キリマンジャロ山に次ぐ高さ（五一九九メートル）を誇るケニア山の二つの山がある。これでは不公平なので、国境に位置するキリマンジャロ山をタンザニア領にしてほしい」と言い出したためだという。

なぜヴィルヘルム一世の無茶な要求が通ったのか？

ベルリン会議の直前、ドイツ人登山家がキリマンジャロ山の初登頂に成功している。この実績をヴィルヘルム一世は、国境変更要請の理由の一つに加えているが、もちろんだからといって、このような要求が通ることは常識的にあり得ない。

ところが、ケニアの宗主国イギリスは、ヴィルヘルム一世の要求をのみ、キリマンジャロ山がタンザニア領になるよう、国境線を曲げることをあっさり承諾した。

イギリスは何かドイツに弱みでも握られていたのかと勘繰りたくもなるが、理由は〝弱み〟ではなく〝愛情〟だった。

じつは、イギリスを統治していたヴィクトリア女王とヴィルヘルム一世は親戚関係になる。ヴィクトリア女王の娘が、ヴィルヘルム一世の皇太子のもとに嫁いでいたのだ。

身内に甘いのは世の常である。ヴィクトリア女王は、ヴィルヘルム一世の誕生日プレゼントとして、あるいはその名目で国境線を変更したのである。このため、キリマンジャロ山付近の国境線は、不自然に曲げられているわけだ。

さすがはイギリス王室だけあって、誕生日プレゼントも想像を超えたものだった。

プレーの最中に国境を越えてしまうゴルフ場⁉

〈スウェーデン、フィンランド〉

国境を越えるときには入国審査が求められるものだが、フィンランドには、ゴルフをしながら、いともたやすく国境を越えられるゴルフ場が存在する。トルニオという町にある「グリーンゾーン・ゴルフクラブ」だ。

トルニオの街を開拓したのはスウェーデン人。スウェーデン北部から流れ込むトルニオ川の河口に位置しており、交易地とされていた。当時のフィンランドはスウェーデンに支配されており、十九世紀初頭まではこの地はスウェーデン領だった。

しかし、一八〇八～一八〇九年に起こった第二次ロシア・スウェーデン戦争に敗れたスウェーデンはフィンランドの支配権を失ってしまう。以降、フィンランドは、ロシア帝国の保護国とされていたが、一九一七年、ロシア革命によるロシア帝国の崩壊を機に独立した。

複雑な変遷をたどってきたが、フィンランドのトルニオとその隣に位置するスウェーデンのハパランダという町の関係は極めて良好。行き来も活発で、両町を合併させてはどうかという動きまであった。

両町の親密性の象徴とも言えそうなのが、先に紹介したグリーンゾーン・ゴルフクラブである。

一、二、七、八、九番ホールはフィンランドに、三、四、五、一一、一二、一三、一四、一五、一六、一七番ホールがスウェーデンにある。そして六、一〇、一八番ホールは二国にまたがっている。

たとえば、六番ホールでプレーすると、プレーを始めたときはフィンランドにいたのに、ボールをカップに沈めたら、スウェーデンにいたということになるのだ。

プレー中にパスポートの提示は求められる?

フィンランドとスウェーデンの二国をゴルフ旅行できてしまうグリーンゾーン・

ゴルフクラブだが、ホールインワンしても、カップインしたときには一時間経っているという不思議な現象が起こる。

じつは、フィンランドとスウェーデンは隣接しているが、両国には一時間の時差がある。フィンランドのほうが一時間早くなっているため、たとえば、二国にまたがるホールのスウェーデン側から午前十時にゴルフボールを打った時点で、カップのあるフィンランド側ではすでに午前十一時になっている。たとえ奇跡のホールインワンが起こっても、カップインしたときには一時間かかったことになるのだ。

国境を越えるとなると入国審査が気になるところだが、プレー中にパスポートの提示が求められることはないという。ただ、プレー前にパスポート提示を求められたという人はいたようなので、訪れる際にはパスポートをお忘れなく。

国境争いが繰り広げられた「天空の寺院」

〈タイ、カンボジア〉

カンボジアには、アンコール・ワットよりも歴史が古く、別名「天空の寺院」と呼ばれているプレアヴィヒア寺院がある。カンボジアの北のダンレク山地の標高約六五〇メートルの断崖絶壁に位置する。

九世紀にクメール人によって建てられたヒンドゥー教寺院で、その後、ヒンドゥー教が衰退すると仏教寺院となった。プレアヴィヒアとはクメール語で「神聖な寺院」という意味である。

プレアヴィヒア寺院はカンボジアとタイの国境に位置していたため、その名に似合わず、タイとカンボジアが領有を争って、たびたび衝突を起こす舞台となった。

争いの始まりは、一九〇〇年代の初頭。争いの種をつくったのはフランスだった。

当時、カンボジアを植民地としていたフランスは、プレアヴィヒア寺院をわがものにするため、国境線を強引に変更し、カンボジア領に組み込んだ。

これにタイは憤慨する。しかし、当時のタイにはフランスに対抗するほどの力がなく、そのときは、フランスの国境変更に甘んじるしかなかった。

それでもあきらめきれなかったタイは、第二次世界大戦中、今が好機とばかりにプレアヴィヒア寺院一帯を占領したのである。

世界遺産登録でふたたび争いが勃発

一九五三年、カンボジアはフランスから独立。同時に、プレアヴィヒア寺院のタイからの奪還を試みたが、失敗に終わった。そのためカンボジアは一九五八年、タイと国交を断絶し、プレアヴィヒア寺院の領有について国際司法裁判所に訴えた。

裁判所の判定は、カンボジアの主張を認め、プレアヴィヒア寺院はカンボジアのものとしたが、その周辺の土地については未定というものだった。

国際司法裁判所の判定により、プレアヴィヒア寺院をめぐる争いは、ひとまず落ち着いたかに見えたが、二〇〇八年、プレアヴィヒア寺院がカンボジアの世界遺産として登録されると、争いが再燃する。

タイ政府は当初、世界遺産登録を認める姿勢だったが、国民の間に「プレアヴィヒア寺院はわが国のもの」という主張が広まり、収拾がつかなくなる。ついに、政府は寺院の周りに軍を派遣することになった。これに対抗しようとカンボジア政府も軍を派遣し、一触即発の状態になった。

二〇一一年には武力衝突へと発展し、死傷者まで出している。当時のASEAN（東南アジア諸国連合）の議長国インドネシアが仲裁に乗り出したが収まらず、二〇一二年、国際司法裁判所の撤退命令によって、ようやく両国とも軍隊を退いた。

カンボジアがふたたび国際司法裁判所に提訴し、二〇一三年、プレアヴィヒア寺院とその周辺もカンボジア領とすることで、決着をみたのである。

現在のプレアヴィヒア寺院へのアクセスは、こうした歴史があるため、一般の車両や徒歩での通行は禁止となっている。タイ側から入ることはできず、カンボジアのシェムリアップから入場券を購入した上で、専用車で行くことになる。

どうしても国境線が引けないカシミール地方

〈インド、パキスタン〉

インド北部とパキスタン北東部、中国南西部の国境に位置するカシミール地方は、「アジアの火薬庫」とも呼ばれる紛争地域で、この領有をめぐってインドとパキスタンは三度の戦争を起こしている。

たしかに地図を見てみると、国境が確定していないため、実線ではなく点線で記されている。

事の起こりは、一九四七年、それまでインドを植民地としていたイギリスが独立を認めたことによる。

もともとインドは、五六二もの藩王国（藩王が治める小国）が集まった連合体だった。イギリスの植民地として一括で統治されていたものの、宗教や民族、言語などがばらばらだった。

そこでイギリスは、信徒が多いヒンドゥー教徒とイスラム教徒がそれぞれの国として独立することを認めたのである。つまり、ヒンドゥー教徒ならインド、イスラム教徒ならパキスタンというわけだ。どちらに属するかは各藩王国が決めた。

そんななか、どちらの国に属したいかで意見が分かれたのがカシミール地方を治めていたジャンムー・カシミール藩王国だ。住民はほとんどイスラム教徒なのだが、藩王がヒンドゥー教徒だったため、住民はパキスタンへの帰属を望んだものの藩王が拒否した。

それを聞きつけたパキスタンは軍を派遣してカシミール地方を実効支配しようとした。一方、藩王はインドへ援軍を要請したことで、第一次印パ戦争が勃発した。

その後、国連が介入して、東側（カシミール地方の約六割）をインド、西側（カシミール地方の約四割）をパキスタンが領有するとして停戦ラインが引かれた。しかし、両国はこれを不服として、一九六五年に第二次印パ戦争、一九七一年に第三次印パ戦争を引き起こしている。

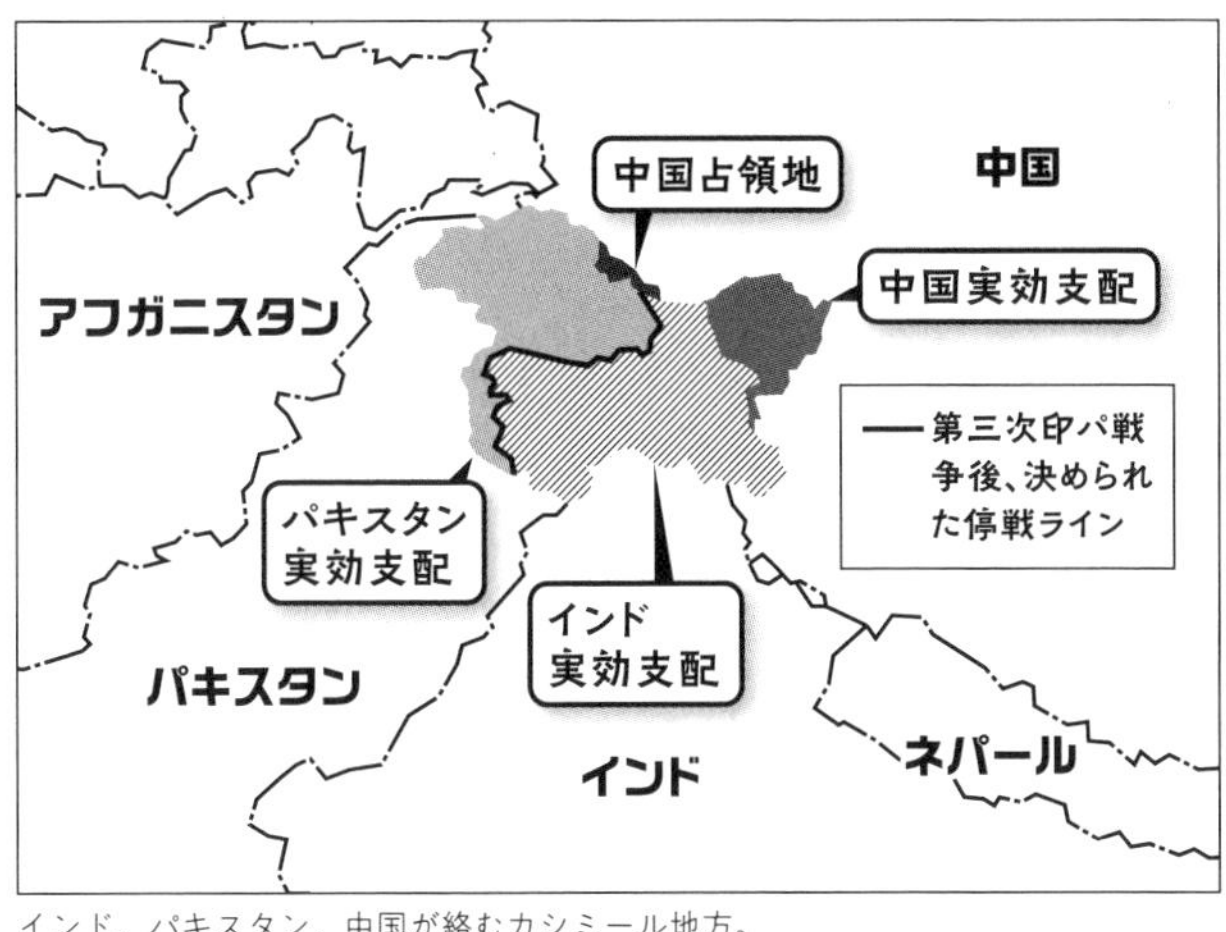

インド、パキスタン、中国が絡むカシミール地方。

さらに、インドとパキスタンが争っている隙を突いて、中国は一九六二年、インドと国境を争い、カシミール地方の一部地域を中国の領土としてしまい、問題はより複雑になっている。

いまだに解決の糸口は見つかっていない。

非難の応酬が止まらない両国の関係

広大な領土を持つインドが、なぜカシミールという一地方にこだわるのだろうか。

カシミールがパキスタンの領土となったり、あるいはカシミールが独立したりすると、現領土内でもそうした独立の機運や離反運動が盛り上がる可能性があるため、なんとしてもそうした動きは封じたいという事情があるようだ。

また、イスラム原理主義者が、インドとパキスタンが和平の道へと進まないように邪魔をしているという話もある。

現に、カシミール東側のインド支配地域にあるインド軍基地で襲撃事件が起きてインド兵一八人が死亡するなど、数々のテロ事件が起きている。犠牲者が出たインドは、これはパキスタンが裏で仕掛けていると非難し、パキスタンは濡れ衣だと応酬することになり、なかなか両国の溝は埋まらない。

インドでは、誤表記地図厳罰法案が審議予定であるというニュースが流れたことがある。この法案は、カシミール地方をインド領にした地図を作成しなかった場合、誤った地図を作ったとして処罰されるという厳しいものだった。

それほど両国には根深い因縁があるという証左だろう。このままでは、南アジア全体の安全保障問題にも悪影響を及ぼすと懸念の声もある。

ナゴルノ・カラバフの領有権争い、その結末

〈アゼルバイジャン、アルメニア〉

二〇二三年五月二十五日、モスクワで開かれた「ユーラシア経済同盟」の首脳会議で、アルメニアの首相が、ナゴルノ・カラバフでのアゼルバイジャンの主権を認めるとの発言が、世界を駆けめぐった。

ナゴルノ・カラバフの問題は、一九八八年から三五年間もアゼルバイジャンとアルメニアが争ってきた領有争いだった。今回のアルメニアの首相の発言は、それまで後ろ盾だったロシアが、ウクライナ侵攻で余力がなくなり、もはやロシアの援助を当てにできなくなった結果、譲歩せざるを得なくなったからと見られている。

アルメニアの首相の発言にアゼルバイジャンの大統領は、一定の評価を与えたという。

なぜナゴルノ・カラバフが争いの地に？

ナゴルノ・カラバフは、アゼルバイジャン南西部の山岳地帯にある。住民のほとんどはアルメニア人で、信仰するのはキリスト教だ。

一方、アゼルバイジャンの国民のほとんどはイスラム教徒である。こうした違いから、一九二二年にソ連に組み込まれたとき、ナゴルノ・カラバフの住民は、同じアルメニア人の国であるアルメニアへの帰属を強く望んだ。しかし、スターリンはアゼルバイジャンに帰属する自治州とした。

その後、ソ連崩壊間際の一九八八年、ナゴルノ・カラバフは、ふたたびアルメニアへの帰属を強く望んだが、アゼルバイジャンは頑として認めず、自治を廃して直轄統治にした。自治の権利さえ奪われてしまったナゴルノ・カラバフは対抗手段として一九九一年、一方的に独立を宣言したのである。

とはいえ、アゼルバイジャンが独立を認めるはずもない。ナゴルノ・カラバフの独立を支持するアルメニアとそれを認めないアゼルバイジャンとの対立が生まれ、紛争となった。

一九九四年、ロシアとフランスの仲介で停戦となったが、この紛争により、三万人の死者と一〇〇万人の難民が出たとも言われている。

また、停戦合意はしたものの、ナゴルノ・カラバフの帰属問題は未確定のままとした。ナゴルノ・カラバフは、アルメニアの協力を得て自称「ナゴルノ・カラバフ共和国」と名乗っていたが、国際的には認められなかった。

そもそもイスラム教徒の多い国に、ポツンとキリスト教徒の多い自治州があるのは不自然である。

ナゴルノ・カラバフは、十九世紀、ロシアやトルコ、イランなどから逃れてきたアルメニア人が集まってきた地だった。同胞の国であるアルメニアへの帰属を望んだが、ソ連時代、アルメニア人が一致団結するのを嫌ったソ連のスターリンが、アルメニア人を分断させるために、あえてアゼルバイジャンの自治州にした経緯がある。

こうした歴史的背景もあり、ナゴルノ・カラバフの住民はなんとしても独立を勝ち取りたいと願い、それを支援するアルメニアとアゼルバイジャンの武力衝突にまで発展したのである。一九九四年の停戦合意のあとも、国境付近では小競り合いが続き、二〇〇八年には死傷者も出ていた。

しかし冒頭で紹介したとおり、二〇二三年、アルメニアの首相の譲歩発言により、アルメニアとアゼルバイジャンとの対立は収束に向かうことになった。これで、ナゴルノ・カラバフの独立の夢は消えてしまったことになる。

米ソ対立で引き裂かれた「明日の島」と「前日の島」

〈ロシア、アメリカ〉

大国の思惑によって勝手に境界線が引かれたということはよくあるが、その最たるものが、ベーリング海峡（アメリカ・アラスカのスワード半島とロシア・東シベリアのチュクチ半島の間にある海峡）に位置する大ダイオミード島（ロシア名ではラトマノフ島）と小ダイオミード島である。

大ダイオミード島と小ダイオミード島は、もともとは一つの島で、地殻変動によって分かれたとされる、言わば兄弟島である。二つの島の間はわずか三・八キロメートルしか離れていない。それでも帰属は異なり、大ダイオミード島はロシア領であり、小ダイオミード島はアメリカ領だ。

ベーリング海峡はもっとも狭いところで八五キロメートルしかなく、しかも冬になると氷に覆われてしまうので地続きとなる。となると、両国とも無防備のままではいられない。

大ダイオミード島にはロシア軍の基地が置かれており、住民はいない。アメリカ領の住民と交流するのを避けたいロシア政府が、島の住民を移動させたためだ。小ダイオミード島にはアメリカ軍の基地はなく、約八〇人の先住民がいる。

大ダイオミード島と小ダイオミード島の間で緊張がもっとも高まったのは、第二次世界大戦後から一九八九年まで続いた東西冷戦時代。当時、一般人は近づくことすら許されず、写真撮影も禁止されていた。

大小ダイオミード島を引き裂くもう一つのもの

大ダイオミード島と小ダイオミード島はとても近くにありながら、アメリカとロシアによって引き裂かれた状態であるが、この二島を隔てるものはそれだけではない。じつは、この二島の間には日付変更線が引かれている。そのため、二一時間もの時差があるのだ。

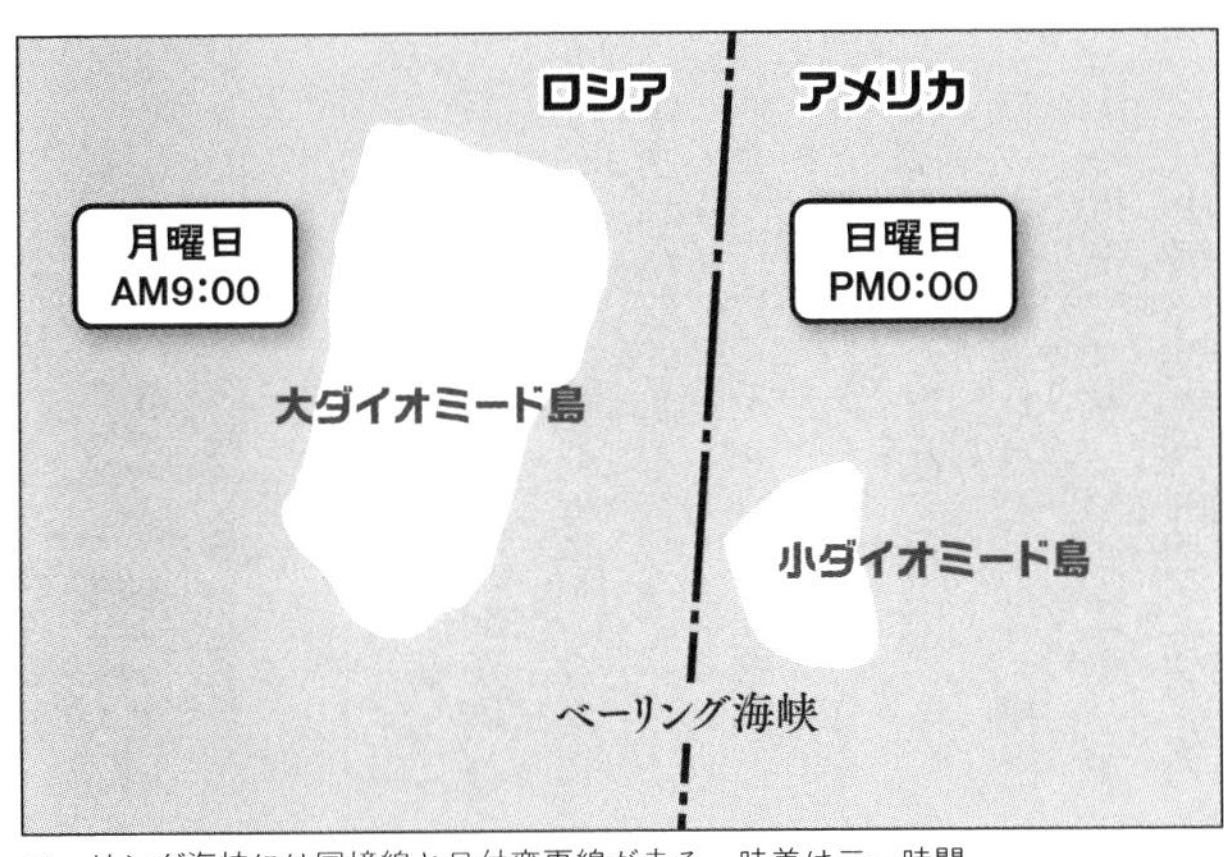

ベーリング海峡には国境線と日付変更線が走る。時差は二一時間。

つまり、小ダイオミード島より西にある大ダイオミード島のほうが二一時間早くなる。そのため小ダイオミード島から三・八キロメートル先の大ダイオミード島を眺めれば、理論上、二一時間先の〝未来〟を見ていることになるわけだ。

実際、アラスカ州の西部の都市・ノームから小ダイオミード島へ行くヘリコプターツアーがあり、日付変更線の横断を体験できるそうだ。ただ、小ダイオミード島の着陸場の状況によってはツアー中止になることもあるので、必ず行けるという保証はない。

帰属か独立か、国のようで国でない地域

〈アルジェリア、モロッコ、モーリタニア〉

宗主国による植民地支配が終わったからといって、それで必ずしも自由な暮らしが手に入るとは限らない。なかには何十年にもわたって混乱が続くこともある。それが西サハラである。

西サハラは、アフリカ北西の沿岸部に位置し、北はモロッコ、南と東はモーリタニアと接している。一九七六年まではスペイン領だった。しかし、スペイン領でなくなる二年前の一九七四年、スペインが領有権を放棄する気配を感じ取ったのか、モロッコとモーリタニアは、秘密裏に西サハラの北側三分の二はモロッコ、南側三分の一はモーリタニアの領土とすることを決めていた。

この決定に異議を唱えたのが、西サハラの独立を求めるポリサリオ戦線である。

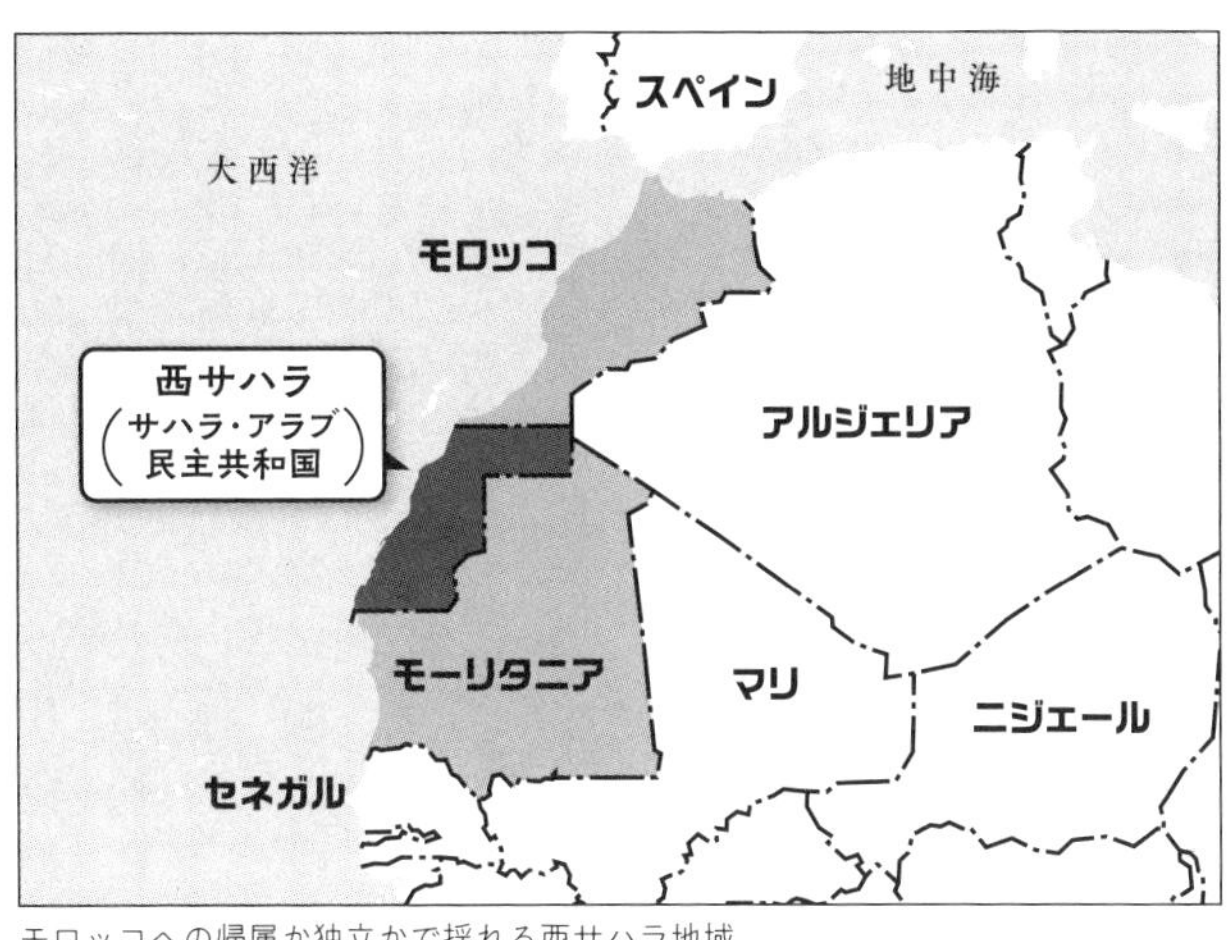

モロッコへの帰属か独立かで揺れる西サハラ地域。

ポリサリオ戦線は独立国となることを宣言し、サハラ・アラブ民主共和国を名乗った。このポリサリオ戦線を軍事的に支援したのが、モロッコの東隣に位置するアルジェリアだった。

一九七九年、ポリサリオ戦線は武力闘争の末、モーリタニアに南側三分の一の領有を放棄させることに成功する。しかしながら、モーリタニアの撤退の代わりに実効支配したのが、モロッコだった。モロッコ軍は北からじわじわと南下して、西サハラ全土を支配下に置いたのである。

当然ながらモロッコの武力支配は、国際社会の批判を招く。一九八〇年、国連信託統治理事会は西サハラの代表はポリサリオ戦線であるとし、一九八二年、アフリカ統一機構は、ポリサリオ戦線が独立を宣言したサハラ・アラブ民主共和国の加盟を承認した。

こうしたなか、モロッコの態度も軟化した。一九八八年、ポリサリオ戦線の支援国であるアルジェリアと国交を回復し、一九九一年九月、ポリサリオ戦線と正式に停戦。また、西サハラの帰属に関しては、モロッコに併合されたいのか、独立国としてやっていくかを住民投票で決めるとして、国連西サハラ住民投票監視団が入り、一九九二年一月に住民投票を行なうことになった。

西サハラの住民投票はいつ行なわれるのか？

ところが、二〇二三年現在、西サハラの帰属に関する住民投票はいまだに行なわれていない。最大の理由は、有権者の資格をめぐって双方の意見が折り合わないことだ。スペイン領だった頃、西サハラの人々の半分は遊牧民で定住していなかった。

また、西サハラからモロッコへ移住した人、あるいはモロッコの実効支配が続くなか、モロッコから西サハラへ移住してきた人々がいるため、有権者の規定が難しい。どんな有権者が多数派になるかで住民投票の結果が左右されるので、双方とも主張を譲れないというわけだ。

さらに、西サハラの住民投票の実現を困難にする出来事が起こった。モロッコがイスラエルと国交を正常化したことを高く評価したアメリカのトランプ大統領（当時）が、西サハラのモロッコ領有を認めたというのだ。

これに憤慨したのが、ポリサリオ戦線と彼らを支援しているアルジェリアだ。アルジェリアは、報復措置であるとの明言は避けたものの、モロッコがアルジェリアの政府当局者を監視していたとか、国内のテロ組織を支援していたという理由をつけて、国交を断絶してしまったのである。

西サハラ問題は、独立を主張するポリサリオ戦線と実効支配しているモロッコとの対立だが、実際には、ポリサリオ戦線を支援するアルジェリアとモロッコとの対立でもある。両国の関係悪化は、解決への道を閉ざすことになりかねないのである。

じつは勘違いで国境が解かれたベルリンの壁

〈ドイツ〉

東西冷戦の象徴とも言えるのが「ベルリンの壁」だろう。一九六一年から一九八九年までの二八年間、ドイツのベルリンにあった壁で、高さ約四メートル、長さ約一五六キロメートルにもなる。ベルリンの壁はどのようにして生まれたのか、その歴史を簡単におさらいしておこう。

第二次世界大戦末期、一九四五年七月に行なわれたポツダム会議で、戦勝国のアメリカ、イギリス、フランス、ソ連によって、ドイツを分割統治することが決まった。首都ベルリンについても四か国がそれぞれ分割・管理することになった。もともとはドイツの再統一を目指しての決定だったが、その後、資本主義体制のアメリカ、イギリス、フランスと、社会主義体制を敷くソ連との関係が悪化し、西ベルリンは三か国が、東ベルリンはソ連が実質的に管理するようになった。

一九四九年五月には、アメリカ、イギリス、フランスの占領地は統一され西ドイツに、同じ年の十月には社会主義体制の東ドイツが誕生した。

西ドイツは経済復興を遂げ、生活水準が向上する一方、東ドイツでは生産性が上がらず、経済は低迷の一途をたどった。個人の自由も厳しく制限され、東ドイツから西ドイツへの逃亡者が急増した。

一九五二年には両国の国境が閉鎖された。しかし、ベルリンでは東西間の移動はまだ自由だったので、ベルリンを経由して逃げるようになった。当時の東ドイツでは、西ドイツへ流れる国民は毎日二〇〇〇人もいたと言われる。

この状況を憂慮した東ドイツ政府は、国民が西ドイツへ流れないようにするために、一九六一年、ベルリン内にも壁を築いたのである。

崩壊のきっかけは政治局員の勘違い発言!?

ベルリンの壁はけっして崩れることはないと思われていたが、一九八九年十一月九日、突如壁は崩壊することになる。

壁崩壊の頃、ソ連の主導者にゴルバチョフが就任してペレストロイカ（改革政策）を進め、東西諸国の関係が改善され始めていた。これにより東ドイツ国民にも西ドイツの様子がつぶさにわかるようになり、国民の間では、西ドイツの豊かさや個人の自由に憧れる機運が高まっていた。

壁崩壊の決定打となったのは、なんと東ドイツ政府の政治局員の勘違い発言だった。

当時の東ドイツ政府も国民の不満が鬱積していることに気づいていた。そこで、それまで禁止していた海外への渡航を解禁することで、国民の不満をそらす施策を打ち出すことにした。

十一月九日、その施策案を発表するはずの記者会見の場で、勘違いは起きた。東ドイツ政府の政治局員が「すべての東ドイツ国民が、国境を越えて旅行できるようにします」とアナウンス。それに対し記者が「いつ施行されるのか」と質問したところ、その政治局員は「私の知る限り今すぐ。滞りなく」と応じた。あくまで施策案を発表する場だったにもかかわらず、施策を実行するアナウンスをしてしまったのだ。午後七時頃のことである。

たった一日で崩壊した東西冷戦の象徴

今後、誰でも自由に海外へ行けるようにするという内容が、今すぐに実施されると発言したことで、事実上、ベルリンの壁が開くことを宣言したととらえられた。これを聞いたベルリン市民は、ベルリンの壁に押し寄せた。

政治局員の発言から三時間後の午後十時には、西側へ渡ろうとする人々で壁の周りは溢れかえり、もはや国境警備隊はコントロールできなくなっていた。そして検問所のゲートが開かれた。二八年間人々を遮断してきた壁が崩れた瞬間である。

こうしてベルリンの壁は崩壊し、それをきっかけに一九九〇年、東ドイツと西ドイツは統一されたのである。

なんと六か国が領有を主張して錯綜する島々

〈中国、台湾、ベトナム、フィリピン、ブルネイ、マレーシア〉

領有権をめぐって、中国をはじめ、台湾、ベトナム、フィリピン、マレーシア、ブルネイの六つの国と地域が領有を主張しているのが、南シナ海の南方にあるスプラトリー諸島だ。一〇〇余りの小島や環礁、岩礁などからなる。

スプラトリー諸島の領有問題が注目され始めたのは、一九七〇年代。南シナ海は多くのタンカーが行き交う交通の要衝ではあったが、スプラトリー諸島は無人島で、各国ともそれほど注視していなかった。

ところが、この海域に豊富な油田や天然ガスがあることがわかると、にわかにどの国も触手を伸ばし始め、六か国が入り乱れることとなったのだ。

なかでも、ひときわ目立つ行動をとったのが中国である。経済大国となりつつあった中国は軍備力を増強し、海洋進出にも積極的だった。岩礁を埋め立てて複数の人工島を造り、埠頭や工場、軍事施設などを建設した。一九九二年には新領海法を制定し、スプラトリー諸島は自国の領有であることを明記している。

中国のスプラトリー諸島での開発は、国際社会もやめるように何度も忠告してきたが、中国は内政干渉であるとして、まったく聞く耳を持たない。

一方的に支配をエスカレートさせる中国

中国が一方的な領有を宣言し、実効支配しながら既成事実化することへの対抗手段として、ASEAN（東南アジア諸国連合）は中国に協調を求めている。

二〇〇二年、ASEANと中国の首脳会議では平和的にこの問題を解決しようとする「南シナ海における関係諸国の行動宣言」が出され、二〇〇五年、中国、ベトナム、フィリピンの石油会社が共同で海底資源調査をすることの合意がなされた。

しかしながら二〇一二年、習近平が国家主席となると、さらに中国の行動はエスカレートし、海域を軍事拠点とするだけでなく、空域も手中に収めようと滑走路の建設も進めている。

周辺国も領有権を声高に叫ぶだけでなく、中国同様、島や岩礁の実質的支配を行なっている。

たとえば、フィリピンはスプラトリー諸島西北部の島を占領しているし、ベトナムは二〇以上の岩礁を、マレーシアは自国に近い南部の岩礁を占領している。また台湾は、スプラトリー諸島最大の島である太平島などを占拠している。各国は、そこに施設を造ったり、防衛を強化したりするなどの対抗策で応じている。

各国がスプラトリー諸島の領有にこだわるのは、天然資源という経済上の問題だけでなく、自国から目と鼻の先に中国の軍事施設ができることが安全保障上の脅威になるからだ。

さすがに中国も今のところ、武力で各国が占拠している島を奪取するようなことはしていないが、今後、衝突が起きてもおかしくない状況にある。

尖閣諸島が日本の領土である証拠が見つかった！

〈中国、日本〉

尖閣諸島は、南西諸島の西端に位置する魚釣島、北小島、南小島、久場島、大正島の五つの島と三つの岩礁からなる。帰属は沖縄県石垣市。沖縄本島からは西へ約四一〇キロメートル離れている。

日本は、中国と台湾とでこの一帯の領有権を争っている。正確には、尖閣諸島は日本の領土であることに疑いはないので、そもそも領有問題は存在しないというのが日本の立場だ。

一九六九年、尖閣諸島周辺の海底に油田がある可能性が発表されると、一九七一年、中国と台湾が突然、尖閣諸島の領有権を主張し始めた。さらに中国は尖閣諸島を「釣魚島」という中国名で表記するようになり、一九九二年には尖閣諸島は自国領であるという領海法まで制定したのだ。

その後、一九七二年、日中国交正常化交渉が行なわれたとき、中国の周恩来首相から、尖閣諸島問題は棚上げにしようとの提案がなされたとされるが、外務省によれば、「棚上げに合意したという事実はない」としている。

けれども、この問題に終止符を打つかもしれない証拠が見つかったと、二〇一五年三月十六日、外務省が発表した。その証拠とは、一九六九年に中国で出版された地図である。発行元は中国の国家測絵総局で、日本でいうと国土地理院にあたる。

地図には、中国名の「釣魚島」としてではなく、日本名の「尖閣群島」と記されており、また西の端の島には「魚釣島」とも明記されていた。

発見された地図が示す重要な真実とは

なぜ発見された地図が、尖閣諸島の帰属問題にとって重要な証拠となり得るのか。

まずは、尖閣諸島の歴史を振り返ってみよう。

最初に、日本政府が尖閣諸島を日本の領土としたのは一八九五年。決定の一〇年前から調査を行ない、どこの国にも帰属していないことを確認した上で日本領へ編入した。この手続きは国際法上で認められている正式な方法である。

その後、政府の許可を得た日本人が尖閣諸島に移住し、鰹節工場を建てたり、羽毛の採集を行なったりしていた事実がある。最盛期には、二〇〇人以上もの住民がいたという。

第二次世界大戦後、尖閣諸島はアメリカの管理下に置かれたものの、一九七一年、日本とアメリカの間で沖縄返還協定が結ばれたとき、内容には尖閣諸島の返還も含まれていた。

ところが、この内容に尖閣諸島の日本への移管は不当だと真っ先に抗議したのは台湾だった。続いて、中国も台湾と同じ主張をしてきた。

なぜこの時期に、台湾と中国がこぞって尖閣諸島の領有問題に介入してきたかというと、この海域に油田があることがわかったことが大きいと言われている。たんなる無人島ならそれほど関心を持たなかっただろうが、油田があるとなると、「ぜひ自国に」というわけだ。

突如中国は、尖閣諸島は十四～十七世紀の明（みん）の時代から中国の領土だったが、日清戦争の混乱に乗じて、日本が強引に奪っていったと主張し始めた。

それならなぜ、もっと早くに自国の領土だと主張しなかったのか。

そこを突く証拠となりそうなのが、先の一九六九年に中国で出版された地図である。この地図の存在は、少なくとも一九六九年までは、尖閣諸島が日本の領土だと中国は思っていたし、それについてとくに異論もなかった証（あかし）である。

けれど、ちょうど同じ頃に、国連アジア極東経済委員会が尖閣諸島海域における油田の可能性を発表したために、態度を一転させたのではないかと推測できるというわけだ。

この地図の存在を突きつけても、どこ吹く風の態度をとる中国。それればかりか、尖閣諸島周辺での中国の領海侵犯は年々増え続けている。日本政府は、挑発に乗らないように粛々と対応している。

海か湖かでもめてきた、海には見えないカスピ海

〈ロシア、カザフスタン、トルクメニスタン、アゼルバイジャン、イラン〉

カスピ海と言いながら、地図で見ると周囲は陸地に囲まれており、湖にしか見えない。にもかかわらず、今日まで「カスピ海」と記されてきた。じつはカスピ海は、その昔、黒海とつながっており、もともと海だったのである。それは塩分濃度にもあらわれている。一般の海の塩分濃度と比べると三分の一程度だが、湖にはない塩分を含んでいる。

それなら「カスピ海」と呼んでもなんの問題もなさそうだが、じつは、カスピ海を囲むロシア、カザフスタン、トルクメニスタン、アゼルバイジャン、イランの五か国の間で、「海か、それとも湖か」の論争が繰り広げられてきた。

というのも海か湖かによって、沿岸国の海底資源の分配が違ってくるからだ。海

ならば、沿岸から最大一二海里まで領海となり、さらにその先の二〇〇海里（約三七〇キロメートル）は排他的経済水域とされ、資源は優先的に所有することができる。一方、湖ならば資源は沿岸諸国で均等に分けることになる。

この取り決めに従うと、カスピ海により長く面している国ならば、海のほうが自分の取り分が多くなるので有利。一方、カスピ海に面する距離が短い国ならば、湖として、均等に五分の一の分け前にしてもらったほうが有利になる。

もともとカスピ海の資源と言えばキャビア（チョウザメの卵）くらいのものだったので、それほど大きな論争にはならなかった。しかし、カスピ海には油田があることが判明すると一転。自国の沿岸付近に油田がありそうで、なおかつ湖に接する距離もそれなりにあったカザフスタン、トルクメニスタン、アゼルバイジャンは、沿岸部周辺を自国の領海や排他的経済水域として認められる海を主張。接する距離が一番短く、なおかつ油田の海底調査の技術がなく、油田開発が難しかったイランは、資源を沿岸諸国で均等に分けることになる湖を主張した。

ロシアは、自国の沿岸部に油田の兆しがなかったことから、イランに同調して湖

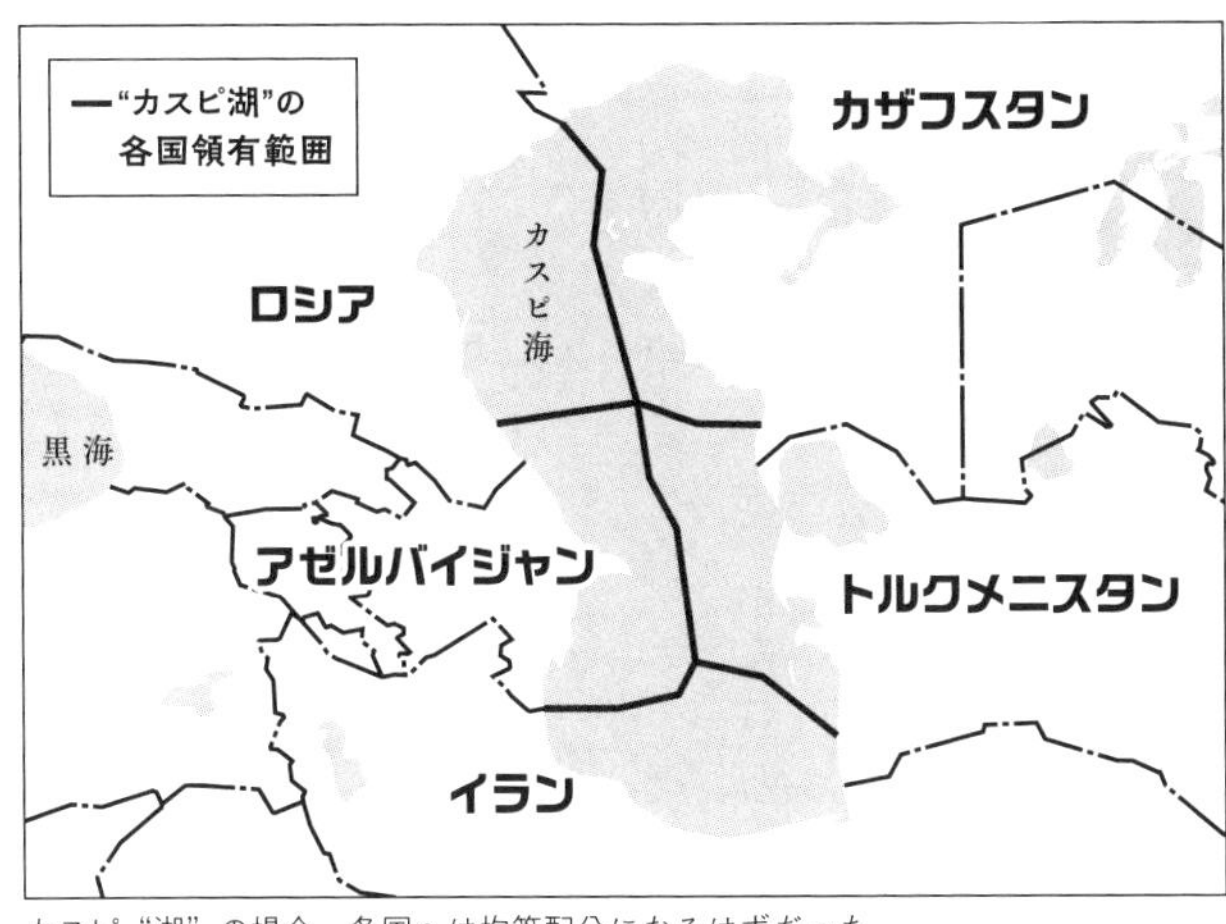

カスピ"湖"の場合、各国へは均等配分になるはずだった。

を主張していたが、一九九八年、自国の沿岸で油田が出る可能性が浮上すると、海へと態度を変えたのである。

二〇一八年、カスピ海は「海」と認定!

カスピ海を海とするか、湖とするか論争に決着がついたのは、二〇一八年八月十二日。五か国の大統領がカザフスタンのアクタウに集まり「カスピ海の法的地位に関する協定」に署名した。これにより、カスピ海は海と認定された。各国の領海は、沿岸部から一五海里とし、領海の外側一〇海里は排他的に漁業ができる海域とした。

五か国の合意ができた背景には、アメリカの影響力を削ぐ目的があったという。ロシア、イランは、カスピ海へのアメリカの介入を嫌っていた。ところが、この合意の少し前、アメリカと友好な関係にあるカザフスタンがカスピ海の港湾をアメリカ船が使う許可を出していたのだ。カスピ海にはロシアの軍事拠点があり、ロシアとしてはアメリカの影がちらつくことは避けたかった。アメリカに制裁を科されているイランも、アメリカが口を出してくるのは我慢ならなかった。

そこで、カスピ海の領有争いを早期に決着するとともに、外国の軍隊は排除し、沿岸国同士で軍事的に協力することを盛り込んだのである。

もっとも、地下資源の分配は各国でその都度協議するとしており、もし大規模な油田開発が進むようなことがあれば、新たな火種が生まれる可能性はある。

朝起きたら、寝返りで国境を越えているホテル

〈フランス、スイス〉

建物のなかを国境線が走るホテルとして人気なのが、「The Hotel Arbez（ホテル・アルベス）」だ。それはスイスとフランスの国境付近に位置する村、ラ・キュールにある。

建物内のある区域から右側がフランス領、左側がスイス領といった境界ではなく、思わぬところに境界が走っているのが特徴。たとえば、レストランのテーブルの向かい合う席の一方がフランス領、もう一方はスイス領とか、ベッドの半分がフランス領、もう半分がスイス領といった具合だ。

なぜ、国境線上の建物が移築されることなく、現在もそこに存在し続けているのだろうか。

それは、フランスとスイスが国境線を話し合ったときの取り決めによる。

十九世紀後半までは、ラ・キュール村はすべてフランス領だった。ところが当時のフランスとスイスの国境はかなり複雑に入り組んでいたり、はっきりしていないところがあったりしたので、両国間で国境線をきちんとしようということになった。

このとき、国境線をなるべくシンプルにするために、入り組んでいる部分の領土を交換するなどして、国境線を整えた。結果、国境線が直線的にラ・キュール村を通るところが出てきてしまったらしい。

そこでラ・キュール村では、すでに建っている建物については、たとえ国境をまたいでいようともそのままでよいということで両国とも了承したのである。

国境ホテルは一人の男の機転から

この両国の取り決めのおかげで、ホテル・アルベスは昔から国境線をまたいだままで存在できたかというと、そうではない。じつはあえてこの場所を狙って建設されたものだった。ホテル・アルベスに関しては、次のような経緯があった。

国境線をまたいでいても既存の建物なら、取り壊したり移築したりしなくてもよいという情報を入手したある男が、「それはおもしろい」とばかりに、国境線をまたぐ土地を買い、両国の国境線が決定する前にあわてて建物を建築。結果、この建物は国境線決定以前に建っていた建物という扱いになった。そしてその男は、スイス領に食料品店、フランス領にバーを開いてビジネスを始めたのだ。

そのビジネスが成功したのか否かは定かではないが、男の息子は商売を続ける気がなかったようで、ほかの者に売り渡してしまう。所有者は変わったが、既存の建物はそのままでよかったので、買い受けた者はそれまでの食料品店とバーを改装し、レストランとホテルにした。それが、現在のホテル・アルベスというわけだ。

ホテル・アルベスの存在が、大きな意味を持ったのは第二次世界大戦中、フランスが一時ドイツ軍に占領されたときだ。ホテル・アルベスのフランス領部分は、当然ながらドイツ人の使用が認められた。ところが、スイス領域の部分は、ドイツの占領地域ではないため、ドイツ人は立ち入ることはできなかった。そのためフランス人が逃げ込み、スイス領側に泊まっているということもあったそうだ。

Column 日付変更線を変える国の思惑

自分たちの都合で日付変更線を動かした国がある。

たとえば、日付変更線近くのキリバスは、一九九五年一月一日に日付変更線の位置を国内の東端に移動させた。理由はそれまで日付変更線が国内を通っており、国内で日付が違っていると不便だからというもの。もっともな理由だが、じつはこの変更、ミレニアム初日を迎えるにあたり、キリバスが世界でいちばん早い日の出を迎える地にしようと目論んだためとも言われている。実際、ミレニアムの初日の出をいちばん最初に見るイベントを行ない、大いに盛り上がったという。

しかし二〇一一年十二月、南太平洋のサモアでも日付変更線が移動された。この変更により、サモアは世界でもっとも遅い時間帯の地域から、もっとも早い時間帯の地域へと様変わりした。これまでサモアの最大の貿易相手国はアメリカだったのでアメリカの時間帯に合わせていたが、近年はオーストラリアや中国との貿易が拡大したため、そちらの時間帯に合わせるためであった。

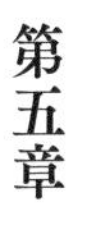

第五章

世界編

ゴタゴタな飛び地

至るところに国境線のマークがある飛び地の町

〈オランダ、ベルギー〉

オランダ北ブラバント州のバールレ＝ナッサウは、ベルギー領の飛び地があることで有名な観光地だ。バールレ＝ナッサウのなかに、ベルギーの飛び地、バールレ＝ヘルトフが点在する。後述するが、これらの名称は、町の歴史を物語っている。

この町の特徴は、二〇か所以上もある飛び地の数の多さ。それに加えて二重飛び地の存在だ。つまり、オランダにあるベルギー領の飛び地のなかに、またオランダ領が飛び地として存在している場所がある。

そのため、町の至るところに国境線のマークがある。道路には、オランダ領を表すNLの文字や、ベルギー領を表すBの文字が記されており、お店のなかにまで国境線のマークが記されていたりする。国境線がそこかしこにあるのが、この町の

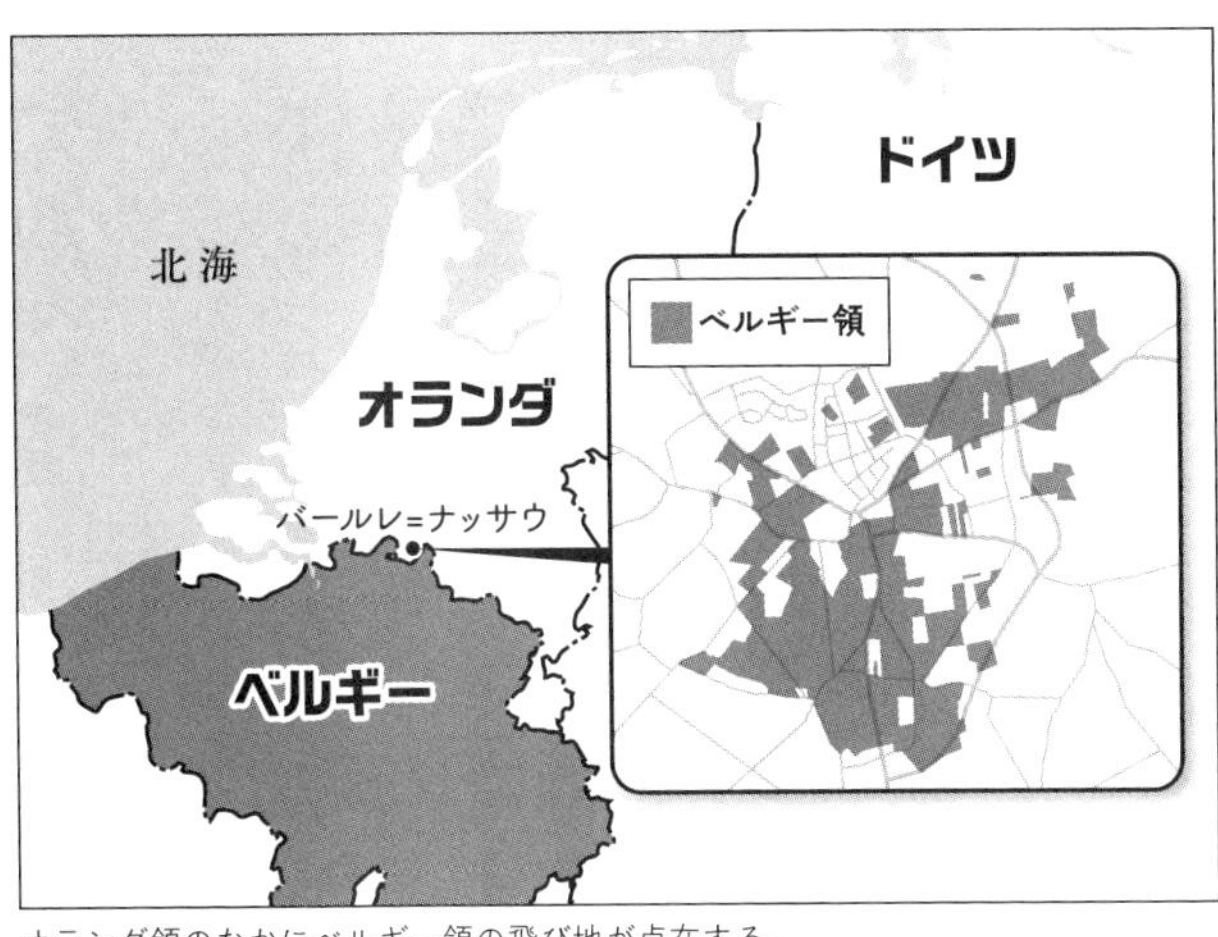

オランダ領のなかにベルギー領の飛び地が点在する。

〝名物〟で、国境線のマークがある場所は、観光客の撮影スポットになっている。

なぜ多くの飛び地ができてしまった？

中世、まだオランダがスペイン領ネーデルラントであった頃、バールレ＝ナッサウの町は、オランダのブレダの領主が治めていた。この地は、スペイン領ネーデルラントのブラバント公爵がブレダの領主に与えたものだが、ブラバント公爵はすべての土地を領主に与えたのではなく、部分的に自分の領地として残していたものがあった。このことが、のちに飛び地の原因となる。

一六四八年、オランダがスペインから独立したため、ブレダの領主が治めていたバールレ＝ナッサウの町はオランダ領となった。ブレダの領主はナッサウ家であったため、この呼び名が定着した。

一方、ブラバント公爵所有の領地は、オランダ領ではなくスペイン領のままということになった。公爵の土地ということで、オランダ語で公爵という意味の「ヘルトフ」を用いて、公爵の土地はバールレ＝ヘルトフと呼ばれた。

その後、一八三〇年にベルギーが独立すると、公爵領はスペイン領からベルギー領となり、現在へと続く飛び地になったというわけだ。

世にも不思議な多くの飛び地が残っているワケ

飛び地のままで残ってしまったのは、以前、公爵と領主の間で、少しずつ土地を整理しようとしていたが、それが完了する前にオランダが独立したため、そのままになってしまったためだという説がある。その後、オランダとベルギーの間で話し合いは行なわれたものの、なかなか合意に至らず、そのまま来てしまったためだと

町の中を走るNL（オランダ）とB（ベルギー）の境界。

言われている。

しかしながら、現在のバールレ＝ナッサウとバールレ＝ヘルトフの暮らしは、とくに困ることはないという。オランダとベルギーはともにEU加盟国であり、通貨は共通、パスポートなしでの行き来ができるからだ。

あまりにも長い間、複雑な国境線がある町で暮らしてきたため、住民にとってはそれが日常の光景。むしろ観光の目玉ともなると、前向きに受け止めている住民が大半のようだ。

イベリア半島南東端に、なぜかイギリス領?

〈イギリス、スペイン〉

ジブラルタル海峡は、大西洋と地中海をつなぐ海峡である。その北にあるのがスペインやポルトガルがあるイベリア半島で、イベリア半島の南東の端に突き出ている小さい半島が、ジブラルタルと呼ばれる場所である。

イベリア半島の大半がスペイン領であることはご存じのとおりだが、ここジブラルタルは、なぜかイギリス領である。実際、ジブラルタルにはイギリス軍の基地があり、公用語は英語となっている。

ジブラルタルがイギリス領になったのは、一七一三年。今から三〇〇年以上も前のことだ。ジブラルタルはもともとスペインの軍事拠点だったが、十八世紀初頭に起きたスペイン継承戦争の混乱に乗じて、イギリスに占領されてしまった。

一七一三年のユトレヒト条約により正式にイギリス領となり、その後、多くのイギリス人がジブラルタルに移住してきた。

スペインの返還要求は現在まで続く

イギリスの支配が三〇〇年以上続いているとはいえ、スペインがジブラルタルをあきらめているわけではない。ユトレヒト条約でイギリスにジブラルタルを割譲したものの、以後、返還要求を続けている。

国際社会に返還を訴えたり、ときには武力で取り戻そうとしたり、さらにはジブラルタルとの国境を一〇年以上も封鎖するなどの対抗措置をとったりした。国境を封鎖すると、ジブラルタルへの物質の陸上輸送の道は絶たれ、海上輸送しかできなくなり、ジブラルタルの経済に大きな影響を与えた。そうした対抗措置をとってもスペインの思惑通りに事は運ばなかった。

ついに一九八二年には、両国間で話し合いが行なわれ、二〇〇二年にはスペインとの共同統治に関する住民投票が行なわれたが、ほとんどの住人はこれを拒否した。

そのため、現在もジブラルタルの帰属はイギリスで、実際の統治は自治政府が行なっている。自治政府はジブラルタル住民とジブラルタル総督からなる。

今後、ジブラルタルがスペインに返還されることはあるのだろうか。

先行きは不透明だが、住民の民意は、スペインに返還されるよりも、このままイギリス領がよいと考えている人が大半だという。なかには、自治政府よりも、完全な独立を願う人もいるらしい。

ジブラルタル住民の大半がイギリス領のままを希望するのは、スペインとイギリスの経済格差がある。二〇一二年にはスペインで経済危機も起こっている。そのため、豊かな国の領土のままでよいと考える住民が多いというわけだ。

イギリス政府にもジブラルタルの返還を渋る理由がある。

それは、ジブラルタルが軍事拠点として極めて重要だからにほかならない。ジブラルタル海峡は地中海の出入り口で、幅はわずか一四キロ。ここを封鎖すれば、一気に地中海への海路をふさぐことができる、言わば蛇口の栓のような存在だからだ。

緊張高まるロシアの飛び地・カリーニングラード

〈ロシア〉

二〇二二年二月のロシアのウクライナ侵攻以来、緊張が高まっている場所の一つが、ロシアの飛び地カリーニングラードだ。カリーニングラードは、バルト海沿岸に位置しており、ＮＡＴＯ（北大西洋条約機構）加盟国であるリトアニアとポーランドと隣接しているからだ。実際、ウクライナ侵攻によるロシアへの経済制裁として、リトアニアが自国内の制裁対象品の通過を禁じたとき、ロシアはリトアニアを激しく非難している。

また、カリーニングラードとベラルーシをつなぐ一〇〇キロメートルの国境地帯は「スバウキ回廊」と呼ばれており、別名「ＮＡＴＯのアキレス腱」とも言われている。なぜなら、スバウキ回廊はポーランドとリトアニアを分断しているためだ。

もしロシアの飛び地であるカリーニングラードと、親ロシア派のベラルーシが協力してスバウキ回廊を封鎖してしまうと、ポーランドからバルト三国への陸上輸送ルートが断絶されてしまうことになる。

このように、カリーニングラードはロシアにとって軍事的に重要な拠点である。またカリーニングラードは一年中凍らない不凍港として価値が高く、ロシアのバルチック艦隊司令部が置かれている。

そのため面積は一万五一〇〇平方キロメートルと、世界一の国土を持つロシアにとっては小さなものだが、けっして手放せない場所なのである。

カリーニングラードはもともとドイツ領

カリーニングラードの古い呼び名はケーニヒスベルクという。十三世紀半ば、ドイツ騎士団がつくった町で、貿易都市として栄えた。十五世紀にはポーランドの領土となったものの、十八世紀にプロイセン王国が建ち、ふたたびドイツの都市となったという歴史を持つ。

その後、第二次世界大戦末期、ソ連軍に占領され、戦後、ソ連に割譲された。このとき、町の名もケーニヒスベルクからカリーニングラードへ変更され、そこに住んでいたドイツ人はドイツへと追放された。

カリーニングラードの名は、ソ連の政治家カリーニンの名に由来している。じつは、ソ連の領土となったときは飛び地ではなく、ソ連本土と地続きだった。

飛び地状態になったのは、一九九一年、バルト三国の独立のとき。カリーニングラードと隣接するリトアニアがソ連領でなくなったため、飛び地になってしまったのだ。

バルト三国はソ連崩壊後のロシアとは距離を置き、今やNATO加盟国である。カリーニングラードから見れば、飛び地になっただけでも不便なのに、すぐ隣には、本国と敵対する同盟国があり、緊張を強いられている。もっとも前述したように、バルト三国にとって、カリーニングラードから伸びるスバウキ回廊の存在がアキレス腱であることは間違いない。それゆえ、ロシアのウクライナ侵攻を機に、カリーニングラードの存在に注目が集まってきているというわけだ。

なぜかモロッコにスペインの飛び地が二か所

〈モロッコ、スペイン〉

モロッコのかつての宗主国はフランスであるが、モロッコには、なぜかスペインの飛び地が二か所ある。ジブラルタル海峡に面したモロッコ側にあるセウタと、セウタから南東へ約二二〇キロメートル先の地中海沿岸にあるメリリャだ。

セウタとメリリャがスペインの飛び地になったいきさつは次のとおりだ。

セウタは一四一五年、ポルトガルのエンリケ王子によって占領され支配下に置かれたが、一五八〇年、スペインがポルトガルを併合したことにより、ポルトガルからスペイン領となった。一六四〇年、ポルトガル王政復古戦争によりポルトガルはスペインから独立したが、セウタだけはスペイン領として残された。

メリリャは、紀元前にフェニキア人によって栄え、カルタゴやローマ帝国の領土となった。ローマ帝国が衰退した八世紀以降はイスラム教徒の国の支配を受けた。十五世紀末、イベリア半島でイスラム勢力を一掃しようという動きが起こり、のちにスペイン王国の中核を担うカスティーリャ王国らが勝利する。地中海沿岸のイスラム勢力下の港町も攻撃の対象となり、一四九七年、メリリャはカスティーリャ王国に占領され併合。以後、スペイン領となった歴史を持つ。

二十世紀に入ると、フランスがモロッコの大半を植民地としたが、スペインはセウタとメリリャに関しては、自国の権利を主張して譲らなかった。その姿勢は、一九五六年、モロッコがフランスから独立してからも貫かれている。

現在、モロッコはスペインに対して、セウタとメリリャの返還要求を行なっているが、未だに実現していない。

その理由は、セウタ、メリリャとも海上交通の要衝であるからだ。とくにセウタは軍事拠点としても重要で、スペイン軍の司令部が置かれ、この司令部が北アフリカに駐留する軍の統括任務にあたっている。

飛び地ゆえ、数多の避難民の目的地に

セウタ、メリリャが海上交通、軍事拠点の要衝であり、スペインにとってメリットである一方、大きなリスクも抱えている。それが避難民問題だ。

アフリカ大陸に暮らす人々のなかには、自国内の政情不安や、もっと稼げる国に行きたいなどの理由で、ヨーロッパ諸国を目指す人が多い。

しかし、もちろん誰もが簡単にヨーロッパ諸国に受け入れてもらえるわけではない。ところが、セウタやメリリャに一歩足を踏み入れることができれば、そこはもうスペイン領。ヨーロッパと同じである。そのため、ヨーロッパ諸国への足掛かりとして、セウタやメリリャへ越境しようと試みるのである。

毎日六〇〇〇人～八〇〇〇人という膨大な数の人々が越境していると言われている。フェンスを設置したり、監視を厳しくしたりしているが、その圧倒的な数に苦慮している。スペイン政府は、正式な移民資格を持たない者は自国に強制送還すると表明しているが、それでもセウタやメリリャを目指してくる人の数は減らない。

フランス国内にある小さな町はスペイン領!?

〈フランス、スペイン〉

フランスとスペインの国境付近のアンドラ公国から東へ約二〇キロメートルの位置に、リビアという町がある。帰属はスペインのカタルーニャ州ジローナ県。けれども、周囲はフランス領であり、ここはスペインの飛び地になっている。

面積一二・九平方キロメートル、人口一六〇〇人ほどの小さな町ながら、リビアに入った途端、看板や道路標識がフランス語からスペイン語、もしくはカタルーニャ語に変わる。

なぜこの小さな場所だけがスペイン領のままなのか、これまでの歴史を振り返ってみよう。

もともと、リビア一帯もスペインの領土で、カタルーニャ地方に含まれていた。

一六五九年、フランスとスペインの間で、国境を定めるためのピレネー条約が結ばれる。このとき、リビア周辺の村々を除いた地域がフランスに割譲された。つまり、この頃はリビアを含め、まだリビア周辺の村もスペイン領だった。

しかし、一六六〇年のリビア条約によって、さらにスペインの領土が削られる。この条約により、リビア以外の村はフランスへ割譲されることになった。

なぜ、リビアだけが残されたのかが気になるところだが、明確な理由は記録されていない。リビアが残った理由については、いくつかの説が伝わっている。

当時、すでにリビアは「町」として発展していたため、スペインの「村」をフランスに割譲するというピレネー条約の対象外であったという説や、リビア住民はカタルーニャ人としての民族意識が高く、フランスの領土となるのを頑なに拒んだからという説、またリビアには城があったため、その歴史を考慮して独立した地域と認められたなどの説がある。

飛び地の住民は出入国手続きが必要か？

リビアはスペイン本土からは約二キロメートルしか離れていない。とはいえ、周りはフランスだから、たとえ二キロメートル先といえども、本土へ行くには国境を越えることになる。その暮らしはどんなものだろうか。

リビアとスペイン本土にはフランス県道六八号線が通っていて、ここは通称「中立道路」と呼ばれていた。というのも、この道路を通るときに限り、スペイン国民は出入国手続きを免除されていたからだ。そういう意味では、飛び地としての不便さは、リビアにはあまりなかったようだ。

さらに一九九五年以降は、リビアへの行き来がもっと便利になる。検問なしで国境を越えることを許可するシェンゲン協定にフランスもスペインも加盟したことにより、出入国制限がなくなった。いざこざの火種となりがちな飛び地でも、リビアに限っては、隣国のフランスとも良好な関係を築いているようだ。

スイスにあるカジノで賑わう町はイタリア領

〈イタリア、スイス〉

カジノを含む統合型リゾート（ＩＲ）の誘致をめぐって、日本では賛否の議論がなされてきた。合法化されたのは二〇一六年とつい最近のことで、日本人にとってはまだ身近なエンターテインメントではない。

世界に目を向ければ、カジノは経済を潤す一つの大きな産業となっている。世界各地にあるカジノのなかでユニークなのが、スイス南端部のルガーノ湖沿岸の町カンピョーネ・ディターリアにあるカジノだ。

じつはカンピョーネ・ディターリアは、イタリアの飛び地である。ここにカジノができたのは、一九一七年のこと。第一次世界大戦中、海外の外交官からの情報収集の場として用いられた。当時、スイスではカジノは合法ではなかったが、イタリア領ということで認められた（スイスのカジノ解禁は二〇〇〇年）。

カジノができるまでは、アルプスの山間の町では主要産業もなく、けっして豊かな暮らしではなかった。ところが、カジノができると、連夜、多くの人がカジノ目当てに集まり、大賑わいとなり発展した。やがてカジノは主要産業となり、住民の二割近くがカジノ関連従事者になっている。

カンピョーネ・ディターリアでカジノの人気が高いのは、飛び地という立地の珍しさだけではない。ヨーロッパ最大級の施設があり、ほかのカジノよりも規制が緩い点も挙げられる。ほかのスイスのカジノでは賭金に制限があるが、カンピョーネ・ディターリアでは無制限である。

二〇一八年にカジノは一度破産したものの、二〇二二年一月には再開しており、あいかわらずこの町の主要産業であることに変わりはない。

イタリアからの電話は国際電話扱い!?

そもそもカンピョーネ・ディターリアがイタリアの飛び地となった背景には、ミラノの修道院との深い関係がある。カンピョーネ・ディターリアは、一〇〇〇年以上もミラノの修道院が所有していた。そのため、時代とともに周囲の村々がスイスにどんどん併合されていくなかで、カンピョーネ・ディターリアだけは併合されなかった。スイスとしても、修道院という立場に配慮していたのかもしれない。

その後、住民と修道院の対立が起こり、カンピョーネ・ディターリアは修道院の支配から脱却。その際、スイスへの併合話が持ち上がったが、住民は拒否した。そして一七九七年、イタリアのロンバルディア州コモ県となり、イタリア領として現在に至っているというわけだ。

ここでの暮らしは、基本的にスイスの生活様式が色濃く反映されている。たとえば、通貨はユーロも使えないわけではないが、公式通貨はスイスフラン。住民の国籍はイタリアだが、医療サービスなど、ほとんどの公共サービスはスイス国民と同等に受けることができ、不便さはない。

ただ、電話もほとんどがスイスの電話会社のサービスを受けているため、イタリア本土からの電話は、国際電話扱いになってしまうという。

ドイツにあるのに、線路と駅だけベルギー領って?

〈ドイツ、ベルギー〉

自国領内にあるのに、鉄道の線路と駅の敷地だけは他国の飛び地になっている場所がある。そのため国境線をよく見ると、一本の国境線が途中で二本に分かれたり、ふたたび一本に戻ったりとややこしい。

この鉄道は始発、終着駅ともにベルギー領内にあるが、一部の路線はドイツ領内を通っている。しかし、ドイツ領内であっても線路と駅の敷地はベルギー領とされており、線路の両脇はドイツ領という、なんともおかしなことになっているのだ。

この鉄道の名はフェン鉄道。一八八九年、石炭と鉄の輸送路としてつくられたものので、つくったのはドイツである。当時、フェン鉄道周辺のほとんどはドイツ領で、ベルギー領は一部のみだった。

しかし第一次世界大戦でドイツが大敗すると、状況は一変。一九一九年のベルサイユ条約により、ドイツはフェン鉄道を含む周辺の大部分の土地をベルギーに割譲させられ、ドイツ領として残ったのはほんの一部だけになった。また、フェン鉄道の鉄道営業権と敷地もベルギーに譲渡させられ、フェン鉄道はベルギー国営鉄道として運行されることになったのである。

とはいえ、フェン鉄道の路線には一部ドイツ領を通るところがある。そのため、突然ベルギー領になってしまったフェン鉄道沿線のドイツ住民らは戸惑ったはずだ。もっとも、線路はベルギー領とはいえ、さすがに住民らが線路を通って、線路の向こう側へ行くことの自由は許されていたらしい。

それでも、フェン鉄道がベルギー国有鉄道になった初期の頃は、乗客がベルギー人だった場合、ドイツ領内を通る区間では、勝手に降りることができないように車両に鍵がかけられたこともあったという。

サイクリングロードに生まれ変わった鉄道跡

ベルギー国有鉄道となってからのフェン鉄道では、利用者にとって便利な措置がとられていた。たとえば、乗車賃はベルギーの通貨だけでなくドイツの通貨でも支払いができたり、ドイツ国民が乗車した場合、税関手続きは免除されたりした。

しかしながら、モータリゼーションの発達とともに、フェン鉄道の利用客が減り、一九八九年に廃線となってしまった。

ところが、線路の両側が別の国という特異さをなんとか活かせないかということで、一九九三年、観光列車として復活。蒸気機関車を導入し、一時は話題を呼んだが、結局、二〇〇三年、観光列車の運行も廃止され、フェン鉄道の歴史は完全に幕を下ろしてしまった。

その後、フェン鉄道はどうなったのだろうか。現在、線路は撤去されて舗装され、一二五キロメートルのサイクリングロードになっている。

気になるフェン鉄道跡のサイクリングロードの帰属だが、道路の真ん中部分は、いわゆる昔の線路部分にあたるため、こちらはベルギー領のままとなっている。線路はなくなってしまったが、国境線は現在もなお変わっていない。

線路と駅舎だけはマレーシア領という飛び地

〈シンガポール、マレーシア〉

前項で、線路の両サイドが隣国というフェン鉄道を紹介したが、フェン鉄道の東南アジア版とも言えそうなのがマレー鉄道だ。二〇一一年で廃駅になってしまったものの、マレー鉄道の主要駅だったシンガポール駅は、シンガポール国内、しかもシンガポール中心部にあるにもかかわらず、線路と駅舎はマレーシア所有となっていた。

そのため、シンガポール駅から乗車しようとすると、駅のプラットフォームに設けられた出国カウンターで、シンガポールから出国するための手続きを行ない、次に、すぐ近くにあるマレーシア入国カウンターで、マレーシアに入国するための手続きが必要だった。

マレー鉄道はタイ、マレーシア、シンガポールを縦断しており、全長一九四三キロメートルもあった。そもそも、マレーシアとシンガポールがイギリスの植民地だった頃に、ゴムやスズを運ぶために建設されたものである。そのため当時は、前述したような面倒な手続きは必要なかった。

一九六三年、マレーシアはイギリスから独立する。シンガポールが分離独立したのはマレーシア独立から二年後の一九六五年だった。このわずかな時間差ゆえ、マレー鉄道の所有は、のちのシンガポール領内の分も含めてイギリスからマレーシアへ移ったのだ。

その後、独立を果たしたシンガポールは、シンガポール駅舎や線路など、シンガポール領内のマレー鉄道の権利を渡すように要求したが、マレーシアは頑として応じなかった。

マレーシアとシンガポールは経済的には切っても切れない関係だが、マレーシアの国民の大半はマレー系、一方、シンガポールの国民の大半は中国系で、相性はあまり良くなかったという歴史がある。

シンガポールが独立した後、シンガポールの中心部にあるシンガポール駅で出入国の手続きをするのは違和感があるとして、せめて手続きは、マレーシアとの国境にあるウッドランズ駅に移そうとシンガポールが提案したときも、マレーシアは却下している。

そもそもシンガポールがマレーシアから独立したのも、マレー系住民を優遇する政策をとるマレーシア政府に対抗してのことだった。

現存するノスタルジックな二つの廃駅

二〇一一年、マレーシアとシンガポールの国境にあるウッドランズ駅が終着駅となったことで、マレー鉄道がシンガポール領内を走ることはなくなったため、シンガポール内にあったシンガポール駅とブキッ・ティマ駅は廃駅となった。

かつてのシンガポール駅と言えば、イギリス植民地時代の面影を残す南国的な石造建築の駅として知られていた。今は閉鎖されており敷地内への立ち入りはできないが、外観を堪能することはできる。ただ、別の駅として活用するために取り壊さ

いまや廃駅となったブキッ・ティマ駅。

れてしまうとの話もあるため、いつまでその姿を拝めるかは分からない。

　もう一つの廃駅であるブキッ・ティマ駅は、駅舎と鉄道職員宿舎が保存されている。駅舎は遺産ギャラリーとなっており、線路切り替えレバーや発券ブース、信号図のレプリカなどの展示がある。鉄道職員宿舎はカフェとして利用されている。

　シンガポールの町を散策する機会があるのなら、こうした二つの廃駅の遺構を訪ねてみるのもおすすめだ。

本土から離れすぎているフランス領の群島

〈フランス〉

本土から三八〇〇キロメートルも遠く離れたところに、海上の飛び地となっているのが、フランス領のサンピエール・エ・ミクロンである。ここは、カナダの東、ニューファンドランド島の南にある群島で、三つの主要な島からなる。サンピエール島、ミクロン島、ラングレード島だ。

なぜ「サンピエール・エ・ミクロン」と、サンピエール島とミクロン島の二つの名だけを冠しているかというと、ラングレード島はミクロン島と砂州でつながっているためだ。

サンピエール島の面積は約二六平方キロメートル。面積は小さいが、フランスの海外準県とされるサンピエール・エ・ミクロンの県都が置かれている。人口は五六三三人（二〇一七年）である。

ミクロン島の面積は約二一五平方キロメートル。サンピエール島に比べてかなり大きいが、人口は六四一人（二〇一七年）である。

サンピエール・エ・ミクロンの歴史を振り返ると、一五二〇年、ポルトガル人によって発見されたことから始まる。フランスと関わりができたのは、一五三六年。フランス人のジャック・カルティエが上陸を果たし、サンピエール島と命名した。

これでフランスの領有が認められそうなものだが、そうはいかなかった。フランスに対して、自国の領土だとイギリスが主張したのである。

この領有権をめぐって、最初はイギリスに軍配が上がった。一七一三年のユトレヒト条約によって、フランスがイギリスに対してサンピエール・エ・ミクロンを割譲する形となったのである。

ところが五〇年後、一七六三年のパリ条約で、サンピエール・エ・ミクロンはフランスに復帰することになった。以後、現在に至るまでサンピエール・エ・ミクロンはフランス領となっている。

フランスがサンピエール・エ・ミクロンを手放さない理由

海外の遠く離れた飛び地を、なぜフランスは手放さないのか。

サンピエール・エ・ミクロンの住民たちは、たとえ本土と遠く離れていても選挙で選んだ議員をフランス国会にも送っているし、本土と同様の公共サービスも受けられる。手放すどころか、きちんと住民サービスが整備されている。

フランスがサンピエール・エ・ミクロンを軽視できないのは、周辺が豊かな漁場であるのもさることながら、排他的経済水域が広がるメリットがあるからだ。排他的経済水域とは、自国の海岸線から定められたある一定の距離までの水域と海底を指す。この範囲内での水産資源や鉱物水源は排他的に利用できる権利である。

また、サンピエール・エ・ミクロンの住民は、「自分たちはフランス人だ」という意識が強く、公用語はもちろんフランス語だ。不便だから近くの国に帰属したいという動きはまったくなく、そうした事情もフランスがサンピエール・エ・ミクロンを手放さない遠因になっているのかもしれない。

第六章

世界編 ヘンテコな国

フォービック島にたった一人で独立国建国！

〈シェトランド諸島〉

たった一人で独立国をつくる——そんな前代未聞なことを実行したのは、ロンドン生まれのスチュアート・ヒル氏である。

ヒル氏が独立国にしたいと願った土地を見つけるきっかけになったのは、ヨットでイギリス周遊の旅に出たときのこと。ヨットが遭難してしまい困っていたところを、シェトランド諸島の島民に救助された。シェトランド諸島はイギリスの最北端に位置し、スコットランドの北東沖約二一〇キロメートルにあり、一〇〇以上の島々で構成されている。

イギリスの最北端ということもあり、気候は厳しく、荒野が広がる。住むにはけっして快適な環境とは言えず、近年では北海油田の基地として使われている。

ヒル氏は救助されたとき、島の人々の優しさに感激し、やがてこの地で生活するようになった。転機が訪れたのは二〇〇八年。どういう経緯かわからないが、知人からシェトランド諸島のなかの無人島だったフォービック島を譲り受けた。フォービック島はシェトランド諸島の西方にある島で、面積は約一万ヘクタールである。ヒル氏は、フォービック島に一人移り住むと、ウェブサイト上でイギリスからの独立を宣言したのである。

突飛な行動としか思えないが、ヒル氏の主張は次のようなものだった。

シェトランド諸島の歴史は、もともとの文化圏としてはバイキング圏であり、そもそもイギリス圏の島ではなかった。十五世紀、デンマーク王クリスチャン一世が、スコットランド王ジェームズ三世に「とりあえず」統治を託した。つまり、シェトランド諸島はイギリスに正式に譲渡されたわけではない。

そのため、イギリスの記録を見ても、明確にシェトランド諸島の領有を記録しているものはなく、領有に関してはあいまいである。だから、シェトランド諸島は正式なイギリス領とは言えない――。

こうしてヒル氏は、フォービック島を独立国とするために、国旗や独自の通貨フォービック・ギルダーをつくろうとしたのである。

独立宣言に次ぐヒル氏の野望とは

独立を宣言したヒル氏だが、もちろんイギリス政府は承認していない。「フォービック島はイギリス領である」との声明を出し、EUもイギリス政府を支持している。そのためフォービック島は独立国家として地図に載ってはいない。

しかし、独立宣言当初、大きな話題となり、ヒル氏のサイトには多数のアクセスがあったという。ヒル氏は、フォービック島をタックスヘイブン（租税回避地）にしたいと考えていた。さらにこの独立を契機に、独立の機運をシェトランド諸島にも広げていきたいと考えていたようだ。

勝手に独立国建国とは、なかなか夢がある話。もっとも、ヒル氏が独立宣言をしてから一五年が経つが、シェトランド諸島がイギリスからついに独立したという話は聞かない。

国土はわずか二〇七平方メートルの自称国家

〈シーランド公国〉

世界一小さな国と言えば、ヴァチカン市国である。面積〇・四四平方キロメートルしかない。これは世界が認めている国家の場合だが、自称国家も含めるなら、ヴァチカン市国よりも小さな国がある。それが、イギリス南東部サフォーク州一〇キロの沖合にあるシーランド公国で、面積はわずか二〇七平方メートルである。

シーランド公国の独立宣言は一九六七年。元イギリス陸軍の少佐、パディ・ロイ・ベーツ氏がシーランド公を名乗り、公国を誕生させた。公国となった地は、第二次世界大戦中、イギリスが自国の海岸をドイツの侵略から守るためにつくった四つの要塞のうちの一つ。戦争中は三〇〇人ほどの兵士が駐留していたが、戦後しばらくは、放棄されていた。

ロイ・ベーツ氏は、その要塞に家族と移り住み、シーランド公国としたのである。家族は公国の国民となったが、そのほか数人の知人らも移住したという。

あわてたイギリス政府は、翌年の一九六八年、ロイ・ベーツ氏たちを要塞から退去させようとしたが、威嚇射撃を行なうなどして抵抗したためロイ・ベーツ氏は逮捕されてしまう。しかし、シーランド公国はイギリスの領海外に位置しており、またほかの国が領有を主張しなかったこともあり、イギリスの裁判所は、イギリス政府がシーランド公国を管轄することはできないとの見解を示したのだ。

その後、ロイ・ベーツ氏は金貨や銀貨、郵便切手の発行などで、公国の存在をPR。公国の公式ホームページでは公国の公式グッズとともに爵位まで販売している。たとえば、公爵位なら約九万円から、伯爵位なら約四万円からといった具合だ。

とはいえ、こうした称号は、公式には国と認められていないシーランド公国が授与するものなので、扱いとしては、あくまで一民間の称号でしかない。

それでもおもしろがって著名人が、爵位を購入しているという。日本でもタレントがテレビの番組企画で男爵位を購入している。

クーデターや火災に遭いながらも存続！

建国から半世紀以上経つが、じつは、公国には存亡の危機が二度あった。

一九七八年、公国の首相に任命されたドイツ人の投資家が、当時公子だったマイケル氏（現シーランド公）を人質に取って、ロイ・ベーツ氏を国外追放するというクーデターを起こした。しかしロイ・ベーツ氏は、仲間とともに息子を奪還し、逆にクーデターの首謀者を捕らえたのである。

二〇〇六年には、老朽化した発電機から火災が起き、公国の半分が燃えてしまった。ロイ・ベーツ氏はイギリス本土にいたため巻き込まれることはなかったが、燃えてしまった公国を立て直すために多くの私財を投じることになった。

このような危機を乗り越え、シーランド公国は現在も続いている。二〇一二年、初代のロイ・ベーツ氏は死去したが、息子のマイケル氏が二代目シーランド公を継ぎ、公国の管理は、マイケル氏の息子リアム・ベーツ氏が行なっている。またマイケル氏にはリアム氏以外に長男ジェームズ氏もおり、公国の後継問題は心配ない。

独立国がフランスとスペインに納税している?

〈アンドラ公国〉

独立した一国であるにもかかわらず、税金を他国に納めている国がある。しかも二か国に納めている。税金を他国に渡さなければならないとは、なんとも不思議な話である。

その国とはアンドラ公国。アンドラ公国はピレネー山脈の中心にあり、「ヨーロッパ最後の秘境」とも言われている。フランスとスペインの国境地帯に位置しており面積四六八平方キロメートル。人口は約八万人だ。スキーやハイキングなどのアウトレジャーや、税率が低いということでショッピングが人気である。

アンドラ公国では、奇数の年にはフランスへ現金を、偶数の年にはスペインのウルヘル司教に六枚のハム、六つのチーズ、一二羽の鶏を納めている。というのも、共同元首がフランス大統領とスペインのウルヘル司教になっているからだ。

いきさつは八世紀にまでさかのぼる。当時、イスラム勢力が拡大しており、北アフリカからスペイン、フランク王国（フランスの前身）にまで迫ってきていた。これをなんとか阻止しようと考えたフランク王国をはじめとするキリスト教勢力は、スペインの小さな都市であるウルヘルに大聖堂を建設した。この大聖堂が、対イスラム勢力の最前線となった。

八一九年、フランク王国は大聖堂一帯の土地をウルヘル司教に献上する。この大聖堂一帯が、のちのアンドラ公国となる。

一〇九六年には、司教はアンドラの防衛を委ねる代わりに、代償としてアンドラの一部の統治権をフランスのフォア伯家に与えた。

きっかけは統治権争いだった

ところが、フォア伯家はアンドラ全体の統治権を狙い始めたことで、次第にウルヘル司教とフォア伯家との間で、どちらが統治するべきか、いざこざが起こり始めた。

仲直りしたのは一二七八年。対等の権利を有する共同管理という形で双方が合意する。この合意が現在もアンドラ公国が二か国を共同元首と仰ぎ、税金を納めているゆえんである。

ウルヘル司教の統治権は代々ウルヘルの司教に受け継がれているが、フォア伯家はのちにフランス王になったことで、フランス王に権利が継承された。さらにフランスが共和国となったため、現在はフランス大統領に受け継がれている。

イスラム勢力の拡大を阻止した稀有な存在だったアンドラ公国は、一九九三年、新憲法が可決、住民投票でも承認されたことで、国家として独立を果たす。主権は国民となり、共同元首は象徴的存在となった。フランスとスペインもこれを承認したのである。

南アフリカに囲まれた二つのミニ国家がある?

〈レソト〉〈エスワティニ〉

南アフリカの地図を見ると、国内に二つのミニ国家が存在している。一見すると、あまりにも小さくて、どちらも国とは思えないほどだ。これら二つの小国とは、「レソト(レソト王国)」と「エスワティニ(エスワティニ王国)」である。

なぜ、このようなミニ国家が存続しているかというと、ヨーロッパ列強の国同士の利害関係をうまく利用して、自分たちの土地を守ったからにほかならない。

どちらの国も、頼りとしたのはイギリスだった。当時、南アフリカ一帯で植民地化を進めていたのはオランダ系白人のボーア人である。自分たちだけではとても対抗できないと考えたレソトとエスワティニは、オランダと対立関係にあったイギリスに助けを求めたのである。

レソトが誕生したのは十八世紀。もともとはサン族の土地だったが、そこへ黒人のソト族がやってきてモショエショエ王が国をまとめた。一八六八年、イギリスの保護領となりバストランドと呼ばれるようになる。イギリスはバストランド保護領内での白人の土地所有を禁止。レソトはイギリスの保護領となることで、オランダの植民地化を免れたのである。

一九六六年、イギリスの保護領から独立。面積は約三万平方キロメートル。四国の約一・六倍の広さで、人口は二一六万人。ドラケンスバーグ山脈に位置し、標高一四〇〇メートル以上の場所にあることから、「天空の王国」「アフリカのスイス」などと呼ばれている。独立後、国王が亡命したりクーデターが起きたりしたこともあったが、現在、国王を象徴的存在とする立憲君主制を採用している。

一方、エスワティニは、十九世紀はじめにスワティ族によってつくられた。一八九〇年から、イギリスとトランスヴァール共和国の共同統治を受け、一九〇二年にイギリスの高等弁務官領となり、一九六八年、レソトよりも二年遅れて、イギリスの保護領から独立した。面積はレソトよりも小さい一・七万平方キロ。人口一一七万人。肥沃な土地、温暖な気候、水や鉱物資源にも恵まれた国だ。旧国名はスワジランド王国だったが、二〇一八年、エスワティニ王国に国名変更した。

レソトもエスワティニも正式名称には王国とつくものの、体制は全く違い、レソトは立憲君主制だが、エスワティニは国王が圧倒的な権限を有する王制である。

現在の南アフリカとの関係はいかに

レソトもエスワティニも、オランダ人の入植に対抗するためにイギリスの保護領となったが、南アフリカとは現在どのような関係だろうか。

レソトでは、南アフリカへの出稼ぎ労働者の収入が重要な収入源になっており、輸出では南アフリカやアメリカ向けの衣類が主だ。国内での食料自給率は二〇パーセント程度のため、大半は南アフリカから輸入している。

エスワティニも南アフリカとの経済的結びつきが強く、レソト、ナミビアなどとともに南アフリカの共通通貨圏に所属している。

レソトもエスワティニも、南アフリカとは切っても切れない深い関係である。

住民たちが勝手につくった、ウジュピス共和国

〈リトアニア〉

ヨーロッパ北東部のバルト海に面するリトアニアの首都ヴィリニュスには、住民が勝手に「ウジュピス共和国」と名乗っている地域がある。

ウジュピス共和国の国境はヴィリニュスを流れるヴィリニャ川で、入国にはこの川に架かっているウジュピオ橋を渡らなくてはいけない。ここは憲法も制定されており、大統領、首相も存在している。

この地域には十五世紀頃から人々が住み始めた。ヴィリニュスが東西交易の中継地点として繁栄するにつれ、ヴィリニュス地域が拡大し、そこで働くために新たにやってきた労働者などがウジュピス地区に定住するようになったのだ。

その後、ヴィリニュス一帯は発展を続け、近代都市となるが、ウジュピス地区は

その波に乗れなかった。しかし、そのおかげで昔ながらの古い街並みがそのまま残されたのである。

その価値に気づいたのが、ソ連の芸術家たちで、リトアニアがソ連の構成国となると、芸術家たちがこぞってウジュピス地区へ移住してきた。

当時のウジュピス地区は、あくまでヴィリニュスの旧市街地といったくりである。それが突然、独立の機運が高まったのは、一九九〇年代後半のこと。きっかけは、当時のヴィリニュス市長がウジュピスに引っ越してきたことだ。市長が引っ越してくるほど魅力的なら、もっとこの地域をアピールしたいと思ったかどうかはわからないが、住民たちにより一九九八年四月一日、独立が宣言された。

先ほど、憲法もあり、大統領や首相も存在すると紹介したが、もちろん公式なものではない。あくまで住民たちが勝手につくった国家である。そして、ウジュピスの住民も本気でリトアニアから独立しようなどとは考えていない。

あくまでユーモアであり、言わば「町おこし」のようなものである。

独立記念日に必ず行なわれる大イベントとは

もし、ウジュピス共和国を訪れるなら、おすすめなのが四月一日だという。四月一日はウジュピス共和国が独立を宣言した記念日で、毎年イベントが行なわれる。それが、入国審査だ。ウジュピオ橋に検問所を設け、パスポートがないと入国できない。四月一日以外は、検問所もなく、もちろんパスポートなしで自由に行き来できるから、この日だけが特別なのだ。

なぜ、わざわざ面倒くさい入国審査を受けることがイベントなのかとの声も出そうだが、この日だけはウジュピス共和国の入国スタンプをパスポートに押してもらえるのだ。かなりレアなスタンプがゲットできるというわけだ。

エイプリルフールが独立記念日で、エイプリルフールにだけ押してもらえる入国スタンプがあるなど、かなり洒落たイベントだが、それがウジュピス共和国の魅力の一つにもなっているそうだ。

世界地図のどこにもない、謎の独立国家

〈ソマリランド〉

宗主国から念願の独立を果たしたが、それが結果として混乱を招き、内戦状態になってしまうことがある。たとえばソマリアだ。一九六〇年、イギリス領ソマリランドとイタリア信託統治領ソマリアがそれぞれ独立した後、両国は統一を果たした。ところが一九九一年、バーレ大統領が追放されて政権が崩壊すると、ソマリアは事実上の無政府状態となった。

そんななか、アフリカ東端の「アフリカの角」と呼ばれる地域の根元に位置する旧イギリス領ソマリランドは混乱を機に、自らの地域はソマリランド共和国として独立すると宣言した。ただし、正式にソマリランド共和国を承認する国がないため、地図にはソマリランド共和国は載っていない。

ソマリランド共和国独立の理由は、バーレ政権への反感だったと言われる。じつは、ソマリランド共和国もソマリアも構成しているのは同じ民族のソマリ人。使う言語はソマリ語で、信仰する宗教はイスラム教と共通しているのだが、ソマリ人特有の事情がある。もともと遊牧民だったソマリ人は、大きく六つの氏族に分かれる。氏族は伝統的な血縁集団で結束が固い。そのため、氏族同士は対立しがちである。

ソマリランド共和国の氏族は、バーレ大統領の氏族とは別だったため、バーレ政権下では、冷遇されていたという。そうした不満が、政権崩壊とともに、独立運動の原動力になったというわけだ。ソマリランド共和国は同一氏族のため、まとまりやすかったというのも独立を後押しした。独立後も大きな混乱はなく、現在まで内政が安定している背景にもなっている。

発展が期待される港湾都市ベルベラ

二〇二一年八月十九日付の「読売新聞」によると、ソマリランド共和国の港湾都市ベルベラで、コンテナ港拡張工事が完了したという。ソマリランド共和国は、ア

未承認国でありながら存在感が出てきたソマリランド。

デン湾に面しており、アジアや中東、ヨーロッパを結ぶ新たな交通の要衝地になると期待されている。

というのも、前述したように、南部のソマリアは内戦状態で政情が安定していない。誰もが安心して使える貿易港になるには、何よりも政情の安定が必要というわけだ。

これまでアデン湾の貿易港と言えばジブチだけだったので、ベルベラが新たな海洋拠点になることへの周辺国の期待は大きいという。

とくに、ソマリランド共和国の西隣のエチオピアは内陸国で港を持たないため、新たな海洋ルートとしてベルベラを重要視しており、ソマリランド共和国の首都ハルゲイサに事実上の大使館を設立しているほどだ。

友好ムードではあるものの、ソマリランド共和国の独立を承認しようというアフリカの周辺国は今後も出てきそうにない。なぜなら、ソマリアがソマリランド共和国の独立を承認していないからだ。そのため国連加盟国は、ソマリランド共和国はあくまでもソマリアの一部という認識である。また、不用意にソマリランド共和国の独立を認めたりすると、自国内の独立運動まで活発化するのではないかという心配もあるらしい。

それでもソマリランド共和国は、ベルベラの港の拡張工事に見られるように、着実に存在感を増してきている。

未承認国家に承認されている未承認国家って?

〈沿ドニエストル共和国〉

二〇二二年のロシアのウクライナ侵攻により、にわかにその名を聞くようになったのが沿ドニエストル共和国だ。国際的には未承認の国の一つである。

ウクライナとモルドバの間に位置するドニエストル川東岸の細長いエリアで、注目された理由は、ロシア軍が駐留しているからだ。ここからウクライナへの攻撃があるのか、ロシア侵攻はモルドバにも及ぶのかといった議論が度々なされている。

沿ドニエストル共和国にロシア軍が駐留しているワケは、次のような背景がある。

モルドバは、かつてはベッサラビアと呼ばれ、十四世紀にはルーマニアの領有だった。十六世紀になると、オスマン・トルコが支配し、一八一二年にロシア領となったが、第一次世界大戦後から第二次世界大戦の間には、ふたたびルーマニア領になったこともあり、ルーマニアとの関係が深い。しかもモルドバの住民のほとんどはルーマニア人である。

そうしたモルドバ住民とルーマニアの関係強化による再統合を恐れたのがソ連共産党だ。モルドバでルーマニア民族主義が台頭しないようにロシア人を送り込んだり、ルーマニア人とは別のモルドバ民族を優遇する政策を取ったりした。

やがてソ連が崩壊し、かつてのソ連構成国が次々と独立していくなか、モルドバでもルーマニア民族主義が台頭してきた。

この動きに危機感を覚えたのが、これまでソ連によって優遇されていた、モルドバに住むロシア系の人々である。一九九〇年、ロシア系住民が沿ドニエストル共和国の独立を宣言したが、もちろんモルドバはこれを認めず、モルドバ政府軍との間で衝突が繰り返された。一九九一年、モルドバがソ連の構成国から独立すると、さらに沿ドニエストル共和国とモルドバとの対立は激しくなる。一九九二年、沿ドニエストル共和国のロシア系住民の武装組織とモルドバ政府軍との間では激しい武力衝突が起きた。

すると、ここにロシア軍が加勢したため、沿ドニエストル共和国側の条件をモルドバが受け入れる形で停戦。沿ドニエストル共和国の自治権が認められ、ロシアの平和維持軍が駐留することになったというわけだ。

モルドバよりも豊かな沿ドニエストル共和国

沿ドニエストル共和国は、南北に長く二〇〇キロメートルもある。しかし東西の幅は狭く、最小で四キロメートル、最大でも二〇キロメートルくらいしかない。現在ではロシアの支援により、大規模な重化学工業が栄え、またモルドバに電力を供給するなど、経済的にはモルドバよりも豊かになっている。

沿ドニエストル共和国は大統領制で、大統領は直接選挙で選ばれている。首都はティラスポリ。沿ドニエストル共和国は国際的には未承認である。

じつは、沿ドニエストル共和国を国家として承認している国がアブハジア、ナゴルノ・カラバフ、南オセチアの三つあるが、これらの国もまた国際的には承認されていない。三国とも未承認国家なので、国際的な影響はほとんどない。

Column 国境を勝手に動かしてしまった男

二〇二一年五月、あわや外交問題にも発展しかねない問題を、知らずしらずに起こしてしまったベルギー人について、世界が報じた。

農業を営むその男は、ベルギーのエルクリンヌ村に住んでいた。トラクターで作業していたところ、前方の大きな石が邪魔だったため、その石を二メートルばかり移動させたのだ。じつはその石、国境の位置を示す標石だった。つまり、勝手に国境線をフランス側へ移動させて、ベルギーの領土を広くしてしまったのである。

ベルギーとフランスの国境線は、一八二〇年に調印されたコルトレイク条約で確定した。その石には一八一九年と刻まれており、史実と符合することから、国境を示す標石に間違いない。

この問題が発覚したのは、歴史愛好家がたまたま散歩中、標石の移動に気付いたことだった。ベルギーは早急に標石を元の位置に戻すよう男に要請し、フランス側も「元の位置に戻してくれるなら問題ない」と、苦笑しながら大人の対応を見せた。

第七章

全世界編

謎めいたエリア

なぜ津軽海峡を他国の艦船が通行できるのか？

〈日本〉

もし日本が他国に攻められたら……という想定は、どこかフィクションめいた話でリアリティを持って議論されてこなかったが、近年、日本を取り巻く国際環境は、厳しさを増しているというニュースをよく耳にするようになった。

そんな折、日本人が耳を疑うようなニュースが飛び込んできた。二〇一九年十月十七日、中国とロシアの艦船計一〇隻が、堂々と津軽海峡を航行した。ふつうの商船ならいざ知らず、一〇隻もの軍艦が、日本領土の目の前を横切ったのである。

二〇二二年三月十日から十一日にかけては、ロシア海軍の軍艦一〇隻が、やはり津軽海峡を通過している。

挑発するかのような行動に、なぜ日本政府は対抗しないのかと不思議に思えるが、じつは国際法上、なんら問題はない。津軽海峡の真ん中は公海になっているからだ。海には、沿岸国の主権が及ぶ領海と、主権が及ばないどこの国でも使える公海がある。一般に、干潮時の線（低潮線）から一二海里（約二二キロメートル）を越えない範囲が領海となる。ポイントは「一二海里を越えない」という点。これを越えない範囲で、沿岸国は自由に領海の範囲を決められることになっている。

日本政府が津軽海峡に適用したのは、一二海里ではなく三海里（約五キロメートル）。そのため、北海道側と青森側沿岸から三海里は領海となるが、それ以外の部分、つまり津軽海峡の真ん中は公海というわけだ。

津軽海峡以外の三か所の特別エリア

一九七七（昭和五十二）年、日本は領海法を制定して、日本の領海は基本的には沿岸から一二海里としている。しかし前述の津軽海峡のように特別な海里を、宗谷海峡、対馬海峡の東水道・西水道、大隅海峡に設けている。

いずれも安全保障という観点からは重要なところのはず。万一、敵が日本を攻撃するようなことがあれば、弱点になりかねない。なぜこのような無防備とも言える対応をとっているのか。

日本政府の見解では、これらの海峡は外国船籍の通行が多い場所でもあるので、自由に航行できるようにしているとのこと。なんとも「お人よしの国」という感じを受けるが、真相は別にあるとも言われている。

平和国家を自任する日本には「非核三原則」がある。いわゆる核兵器を「持たず、つくらず、持ち込ませず」だ。ここで問題になるのが「持ち込ませず」の部分。これに文字通り従うなら、アメリカの原子力潜水艦の航行もNOということになる。

とはいえ、同盟国のアメリカの原子力潜水艦までを引き離すのは、日本の安全保障上できない。そこで思いついた苦肉の策が、問題なくアメリカの原子力潜水艦が通れるように、通り道を公海にすることだったというわけだ。

しかしながら、冒頭で紹介したように、ロシアや中国の艦船が自由に航行する光景が目立つようになっており、この問題については改めて議論が必要との声も上がっている。

旗はあるけど住民がいないディエゴガルシア島

〈モーリシャス、イギリス〉

左上にはユニオンジャック、右には王冠とヤシの木が描かれ、背景には青い波線が六本ある旗は、いったいどこのものだろうか。

左上にユニオンジャック、王冠とくれば、イギリス領だと想像がつきそうだ。背景にある六本の青い波線とヤシの木からは、どこか南海の島を想像させる。この旗を掲げているのは、インド洋に浮かぶチャゴス諸島の最大の島であるイギリス領ディエゴガルシア島である。

ディエゴガルシア島は、インド洋のほぼ中央に位置する島で面積は三六平方キロメートル。環礁の島なので、島全体がほぼ平地だ。

ディエゴガルシア島の不思議なところは、定住者がいないこと。とはいえ、無人島ではない。約五〇〇〇人もの人がいるのだが、彼らはあくまで任務のためにそこに駐留しているだけで、住民ではない。もうおわかりだろうが、ディエゴガルシア島は島全体が軍事基地になっている。

駐留しているのはイギリス軍かと思いきやアメリカ軍。島の帰属はイギリスだが、イギリスがアメリカ軍にこの島を貸与している形である。

元住民たちの訴えはいつ実現するのか？

ディエゴガルシア島の歴史を振り返ると、もともとはモーリシャスの一部だった。一八一四年、モーリシャスはイギリスの植民地となる。一九六五年、モーリシャスの宗主国イギリスが、島をモーリシャスから切り離してイギリス領インド洋地域とするまでは、地図にも載らなかったことがあったという。一九六八年、モーリシャスはイギリスから独立したが、ディエゴガルシア島の帰属は許されなかった。

というのも、ディエゴガルシア島の位置が、インド洋とペルシャ湾を睨んだ軍事基地として重要だったからだ。

一九七〇年代、イギリスはアメリカに対して、この島を五〇年間、貸し出す契約を結んだことで、イギリス領内にアメリカ軍が駐留することになった。

これによってそれまで島で暮らしていた住民は、民間人に危険が及ぶという理由で全員強制退去させられた。実際、アフガニスタン紛争やイラク戦争では、ディエゴガルシア島の基地から爆撃機が出撃する起点となった。

二〇一六年、アメリカ軍への五〇年貸与期限は切れたが、二〇三六年までの延長が認められている。

一方、イギリスによって強制的にディエゴガルシア島を切り離されたモーリシャスは、本来この島は自国の領土だと主張し、イギリスに島の返還を要求し続けている。また島の住民たちは、強制的に移住させられたのは違法だと訴え、島への帰還を願っている。

二〇〇〇年、イギリス高等法院は島民の主張を認める判決を出したが、イギリス政府はこの判決を受け入れていない。二〇〇六年にも、高等法院は島民の主張を支持する判決を出している。

二〇一九年、国際司法裁判所はチャゴス諸島の統治はモーリシャスに返還するようにイギリスへ勧告したが、このときもイギリスは応じなかった。二〇二一年、国際海洋法裁判所も、チャゴス諸島の主権はイギリスではないと判決し、万国郵便連合はチャゴス諸島発送の郵便物に関して、イギリス領発行の切手の使用は認めず、モーリシャス発行の切手の使用を認めると決定している。

こうした周囲の圧力をよそに、イギリスがディエゴガルシア島を返還する兆しはまだ見えてこない。「昔、住んでいた島へ戻りたい」という島民の切実な願いは、いつ果たせるのだろうか。

互いに領土を譲りあう不思議なエリアがある

〈エジプト、スーダン〉

領土問題と言えば、自国の領土であると互いに主張し、対立するのがふつうであるが、双方が自国の領土ではないと主張する珍しいケースがある。それが「ビル・タウィール」と呼ばれる地域だ。

エジプトとスーダンの国境地帯にある面積二〇六〇平方キロメートルのエリア。ここの帰属に関して、なぜかエジプトは「スーダンの領土だ」と言い、スーダンは「いやいや、エジプトの領土だ」と互いに領有を譲り合っている。

相手国が「どうぞ、あなたの国の領土に」と譲ってくれるのなら、そのままもらってしまえばよいものを頑なに押しつけ合っている。なぜなら、もしビル・タウィールを自国の領土にしてしまうと、かえって大きな損失を被ってしまうからだ。

その理由は、エジプトもスーダンも自国の領土であると主張しているもう一つの地域「ハラーイブ・トライアングル」にある。ハラーイブ・トライアングルは、ビル・タウィールの北東に位置し、面積二万五八〇〇平方キロメートルとビル・タウィールの一〇倍にもなる広い土地。しかも、紅海に面した交通の要衝で、石油も出るという魅力的な土地である。

国際法によると、二国間が二つの土地をめぐって争った場合、一つの国が争っている土地を二つとも領有できないというルールがある。つまり、エジプトとスーダンは、ビル・タウィールとハラーイブ・トライアングルの両方を同時に領土とすることはできない。

となると、面積も大きく交通の要衝で油田もあるハラーイブ・トライアングルのほうを自国の領土にしたいというのは当然の話。結果、エジプトもスーダンも、ビル・タウィールを譲り合うことになったというわけだ。

ビル・タウィールのように、どの国からも領有を主張されない土地のことを「無主地」と呼ぶ。

両国対立の遠因はイギリスにあった⁉

それにしても、ビル・タウィールとハラーイブ・トライアングルの領有問題が複雑なのは、これらの地域が、エジプトとスーダンのどちらの領土でもあった過去があるからだ。そうした事態を招いた原因は、イギリスにあるといえるかもしれない。エジプトとスーダンのかつての宗主国はイギリスだった。一八九九年、イギリスはエジプトとスーダンの国境線を北緯二二度ラインとした。しかし三年後の一九〇二年、国境線を再画定した。

一八九九年の国境線を採用すると、ビル・タウィールはスーダン領、ハラーイブ・トライアングルはエジプト領となる。しかし一九〇二年の再画定した国境線を採用すると、ビル・タウィールはエジプト領、ハラーイブ・トライアングルはスーダン領となる。

イギリスが再画定した理由は、遊牧民の行動範囲を考慮したためだという。つまり、ビル・タウィールを放牧地として利用していた遊牧民の本拠地がエジプトにあり、ハラーイブ・トライアングルを放牧地としていた遊牧民の本拠地がスーダンにあったからだ。

一九〇二年の時点では、エジプトもスーダンも宗主国のイギリスに逆らうことはなかったが、イギリスのこの行為が、両国の国境線をあいまいにしたと言える。

その後、エジプトは一九二二年、スーダンは一九五六年にイギリスから独立する。しばらくは、ビル・タウィールとハラーイブ・トライアングルの問題は表面化しなかったが、この問題がクローズアップされたのは一九九二年。スーダンがハラーイブ・トライアングルの油断開発の権利を外国企業に与えたときである。

これに激怒したエジプトは、ハラーイブ・トライアングルへ軍隊を派遣して実効支配する。このことにより、エジプトとスーダンのハラーイブ・トライアングルの領有権争いとともに、ビル・タウィールの領有権の押しつけ合いが始まったのである。

国内移動でもパスポートがいるザンジバル島

〈タンザニア〉

渡航にはパスポートが必要になるが、自国内の移動では不要——。どの国でも共通のルールと思いきや、この常識が通用しない場所がある。それはタンザニアのザンジバル島だ。自国のタンザニア人でも、本土から入る場合はパスポートが必要になるというから驚かされる。

ザンジバル島は、アフリカ東海岸沖のインド洋上にある島。「アフリカの楽園」とも呼ばれる人気の観光地で、美しいビーチやサンセットの名所として知られる。二〇〇〇年、島内のストーン・タウンが世界遺産に登録された。

なぜ自国民でもパスポートが必要かというと、島は自治政府の下で管理されており、強固な自治権が認められているからだ。「郷に入れば郷に従え」ではないが、

「島に入るには島のルールに従え」ということで、入島手続きや出島手続きが必要となっている。

強固な自治は、複雑な歴史から生まれた

いくら自治権が認められているとはいえ、本土の自国民にまでパスポート所持を義務づけるとは厳しい感じもするが、もちろんこれには深いワケがある。

十七世紀の末以降、この島を長く支配してきたのはオマーン人だった。当時のザンジバル島は奴隷や象牙の貿易地として繁栄した。やがてオマーン人のスルタン（イスラム圏における支配者）がこの島に王宮を建てて住むようになり、その後、島独自のスルタンが誕生して、オマーン帝国から独立したのである。

十九世紀末、ザンジバル島はイギリスの保護領となるが、実際の支配はスルタンが行なっていた。一九六三年、イギリス連邦の一つであるザンジバル王国として独立するが、このときもまだ実権を握っていたのはアラブ系スルタンだった。

長年、アラブ系スルタンとイギリスの二重支配に不満を持っていたアフリカ人が、

翌年の一九六四年にクーデターを起こして、ザンジバル人民共和国を興したのだ。

この頃、アフリカ本土のほうでもイギリスからの独立を果たし、タンガニーカが誕生した。そこで、本土と合併することが決まり、タンガニーカ・ザンジバル連合共和国が誕生。のちに、国名をタンザニア連合共和国に改称した。

このように、合併はしたものの、もともとは別の国。さらに、ザンジバル島の人々は、長く島外の人々から支配され、苦しめられてきた歴史があるため、強い自治権を持つことを望んだのである。

また、本土とは宗教が異なっていることも大きい。ザンジバル島ではイスラム教徒が大半で、その割合は九八パーセントにも及ぶ。一方、本土ではキリスト教徒がおよそ半分を占め、イスラム教徒は三〇パーセント程度だという。

こうした違いも影響して、同じ国ではあるが、ザンジバル島では本土とはまったく違った行政となっている。

わずか数秒で三か国をめぐれる国境地点

〈ドイツ、オランダ、ベルギー〉

二〇一六年二月、埼玉県、栃木県、群馬県の三県の境界点の確定作業が行なわれた。そこは、埼玉県加須市と栃木県栃木市、群馬県板倉町の境界点で、三つの県境が一点に集まるところ。明治から大正時代にかけて行なわれた渡良瀬川の改修工事で、境界点があやふやになっていたからだ。

三つの県境が一点に集まる場所も珍しいが、ヨーロッパに目を向ければ、三つの国の国境が接する場所がある。それがドリーランデンプントと呼ばれるポイント。ドリーランデンプントとはオランダ語で「三か国の点」という意味。その名のとおり、ドイツ、オランダ、ベルギーの三か国の国境が接している。

二か国が接する国境でさえ国境警備隊がいたり、入出国審査があったりと大変な

オランダ、ドイツ、ベルギーの国境を示す標柱。

のに、三か国の国境ともなると、さぞかし物々しい雰囲気なのではないかと想像してしまう。しかし実際には、広場に九角柱の標柱があるだけ。三面ごとにオランダを示すＮＬ、ドイツを示すＤ、ベルギーを示すＢが記されている。

そのため、この標柱をグルリと一回りすれば、わずか数秒で三か国をめぐることができるため、人気の観光スポットになっている。

また、周辺にはレストランやカフェ、ショップのほか、ヨーロッパ最大級と言われる巨大屋外迷路などがあり、子ども連れでも楽しめる場所となっている。

オランダ最高峰地点でもあるドリーランデンプント

ドリーランデンプントは三か国の国境点であるだけでなく、オランダの最高峰地点でもある。そう聞くと、それなりの装備が必要に感じるが、ドリーランデンプントの標高は三二二・五メートル。オランダは干拓地が大半を占めていて標高が低いため、三二二メートルもあれば、りっぱな最高峰になるというわけだ。ドリーランデンプントには最高峰らしく展望台があり、そこに上れば森と丘が、眼下に広がっている。

島国で山々が多い地形の日本からすると、まったく違った景色を楽しめる場所といえるだろう。オランダの町マーストリヒトからバスで五〇分ぐらいなので、三か国制覇といっしょにオランダの最高峰体験も気軽に楽しめる、観光にもってこいの場所なのだ。

コモロ諸島の一島だけが、なぜか別の国？

〈コモロ連合、フランス〉

アフリカ大陸東南部とマダガスカル島の間のモザンビーク海峡に位置しているのがコモロ諸島である。グランドコモロ島（ンジャジジャ島）、アンジュアン島（ンズワニ島）、モヘリ島（ムワリ島）、マヨット島の四つの島からなっている。

不思議なのは、グランドコモロ島、アンジュアン島、モヘリ島はコモロ連合という一つの国だが、いちばん南に位置するマヨット島だけはフランスの海外県となっていることだ。つまり、コモロ諸島のなかに別の国が存在していることになる。

このような奇妙な状況が生まれた背景には、宗主国からの独立が関係している。十九世紀からコモロ諸島を保護領としていたのはフランスだ。

一九七四年、各島に対して、このままフランスの保護領のままを望むか、独立するかを問う住民投票が行なわれた。結果、マヨット島以外は独立を望む声が多かったため、三島は一九七五年に独立を果たした。

このとき独立を望まなかったマヨット島については、翌年もう一度住民投票を行ない、島民の意思を再確認している。それでもフランス保護領を望むほうが多数を占めたことで、フランスも保護領のままでいることを承認したのである。

マヨット島の真の民意は果たして……

マヨット島民が、フランス保護領のままでいることを望んだ理由については諸説ある。

一つは、マヨット島はコモロ諸島のなかで最初にフランスの保護領になった島で、ほかの島よりもフランス語が普及し、フランス的な様式が定着していたからだという説。

もう一つは、ほかの三つの島の住民はほとんどがイスラム教徒だが、マヨット島はキリスト教徒が多く、宗教の違いがあったという説だ。

いずれの説も島民が選択したことになっているが、一方で、マヨット島を手放したくないフランスが、住民投票を工作したのではないかとも囁かれた。事実、インド洋への軍事拠点として重要な位置を占めており、フランス軍の軍事施設がある。フランスが手放したくないと思っても不思議ではない。

コモロ連合は「マヨット島もコモロ連合の領有である」と主張し、国連にも提訴した。国連もコモロ連合の言い分を認めたが、フランスはマヨット島の民意はフランス保護領であるとし、これに応じていない。

ただ、フランスの保護領でありながら、フランス本土と同じ福祉サービスを享受する権利を有しているわけではなく、それに対してマヨット島の住民が不満に思っているのは事実である。一方で、コモロ連合ではクーデターが相次ぎ、政情は不安定で経済も発展していない現実がある。そのため、三島を離れマヨット島へ移り住もうとやってくる人も多い。

マヨット島の民意がどちらにあるのか、本当のところはわからないが、どちらを選ぶにしろ、悩ましい選択になりそうである。

フィンランド領なのに公用語はスウェーデン語の島

〈フィンランド〉

北欧のバルト海・ボスニア湾入り口に位置するのがオーランド諸島である。オーランド諸島は、別名アハベナンマー諸島とも呼ばれる。いや、こちらのほうが正式名称といえるかもしれない。なぜなら、オーランドはスウェーデン語、アハベナンマーはフィンランド語であり、この島はフィンランド領に帰属しているからだ。つまり、アハベナンマー諸島が母国語の呼び名である。

ところが、ややこしいことにこの島の公用語はスウェーデン語。フィンランド領でありながら、公用語は隣国のスウェーデン語という、なんともちぐはぐな島なのである。

こうなった理由は、過去の歴史をさかのぼればわかる。

もともとフィンランドはスウェーデン王国の一地方だったが、一八〇九年、スウェーデンがロシアとの戦争に負けたため、フィンランドはロシアに割譲された。このとき、オーランド諸島もフィンランドの一部だったため、ロシア領となった。

一九一七年、フィンランドがロシアから独立したとき、オーランド諸島もそのままフィンランドに帰属することになった。

ところが、帰属問題が起こる。フィンランドがそろそろロシアから独立しそうだと察知したオーランド諸島の人々は、代表者をスウェーデンに送り、自分たちはスウェーデンに帰属したいと願い出たのである。

というのも、オーランド諸島はフィンランドの一部ではあったが、もともとこの島を開拓したのはスウェーデン人だった。つまり、住民の多くはスウェーデンをルーツに持っていたのである。そのため、せっかくロシアから独立するなら、フィンランドとしてではなくスウェーデンとして歩みたいと願ったのだ。

国際連盟の裁定でフィンランド領になったが……

結局は、オーランド諸島の島民の願いは叶わず、前述のとおりフィンランド領となった。この決着は、一九二一年の国際連盟の裁定によるものだった。フィンランド、スウェーデン間で話し合ったものの結論が出なかったので、国際連盟に裁定を仰ぎ、その結果を両国が受け入れた。

国際連盟は、オーランド諸島はフィンランドに帰属するとした一方で、オーランド諸島の住民の意思を尊重し、フィンランドに対してオーランド諸島の自治を認めるように促した。フィンランドもその裁定を受け入れたことで、冒頭で紹介したように、オーランド諸島では、公用語がスウェーデン語という不思議な状況が生まれたというわけだ。

現在、フィンランド政府は、オーランド諸島がスウェーデンに帰属したいならそれを認めるとしている。けれども住民投票をしてみると、今のままフィンランド領のままでよいという意見が過半数だという。代表者まで送ってスウェーデンに入りたいと願い出た昔に比べ、スウェーデンへの憧れは薄れているらしい。

とはいえ、フィンランドもスウェーデンもシェンゲン協定に加盟しているため、行き来は自由であり、帰属意識そのものが希薄になっていることは間違いない。

参考文献

『「国境」から読む世界紛争史』ロム・インターナショナル（KKベストセラーズ）／『タンザニアを知るための60章 第2版』栗田和明・根本利通編（明石書店）／『奇妙な国境や境界の世界地図』ゾラン・ニコリッチ（創元社）／『香川「地理・地名・地図」の謎』北山健一郎監、『福岡「地理・地名・地図」の謎』宮崎克則監、『群馬「地理・地名・地図」の謎』手島仁監、『栃木「地理・地名・地図」の謎』篠﨑茂雄監、『徳島「地理・地名・地図」の謎』立岡裕士監、『千葉「地理・地名・地図」の謎』高林直樹監、『和歌山「地理・地名・地図」の謎』寺西貞弘監（実業之日本社）／『他人に話したくなる日本地図の謎』『世界地図のおもしろい読み方』「地図の読み方」特捜班（扶桑社）／『意外と知らない日本地図の秘密』日本博学倶楽部（PHP）／『おもしろ雑学 日本地図のすごい読み方』『おもしろ雑学 世界地図のすごい読み方』『世界の紛争地図すごい読み方』ライフサイエンス（三笠書房）／『世界の奇妙な国境線』世界地図探究会（角川SSコミュニケーションズ）／日本経済新聞／朝日新聞／読売新聞／産経新聞／新潟日報／BBCニュース

本書は、本文庫のために書き下ろされたものです。

ライフサイエンス

幅広いネットワークを生かして、国内外を問わずあらゆる情報を収集し、独自の切り口で書籍を制作する企画編集組織。スパイスのきいた視点には定評があり、生活に根づいた役立ち情報から、経済・地理・歴史・科学といった教養雑学まで、その領域は広い。

主な著書に、『世界の民族地図 すごい読み方』『世界の宗教地図 わかる!読み方』『世界の紛争地図 すごい読み方』『おもしろ雑学 日本地図のすごい読み方』『おもしろ雑学 世界地図のすごい読み方』『おもしろ雑学 日本の歴史地図』『おもしろ雑学 世界の歴史地図』『関東と関西 ここまで違う!おもしろ雑学』(以上、三笠書房《知的生きかた文庫》)などがある。

知的生きかた文庫

こんなところに境界線!?
県境・国境・飛び地のおもしろ雑学

著者 ライフサイエンス
発行者 押鐘太陽
発行所 株式会社三笠書房
〒一〇二-〇〇七二 東京都千代田区飯田橋三-三-一
電話〇三-五二二六-五七三四〈営業部〉
〇三-五二二六-五七三一〈編集部〉
https://www.mikasashobo.co.jp
印刷 誠宏印刷
製本 若林製本工場

ISBN978-4-8379-8851-9 C0130

C50477